Emil Kraepelin

Über Sprachstörungen im Traume

Verlag
der
Wissenschaften

Emil Kraepelin

Über Sprachstörungen im Traume

ISBN/EAN: 9783957004659

Auflage: 1

Erscheinungsjahr: 2015

Erscheinungsort: Norderstedt, Deutschland

Hergestellt in Europa, USA, Kanada, Australien, Japan
Verlag der Wissenschaften in Hansebooks GmbH, Norderstedt

Über
Sprachstörungen im Traume

Von

Emil Kraepelin

* * *

Leipzig

Verlag von Wilhelm Engelmann

1906

I. Einleitung.

Die eigentümlichen Wandlungen, die unser gesamtes psychisches
Geschehen im Traum erfährt, sind von jeher ein Lieblingsgebiet
der Selbstbeobachtung und fast noch mehr der künstlichen Zergliederung und Deutung gewesen. Insbesondere sind die Beziehungen
der Träume zu äußeren und inneren Erlebnissen, ferner die Abweichungen in Vorstellungsverbindungen und Persönlichkeitsbewußt-
sein, in Erinnerungen und Gedankenarbeit an zahllosen Beispielen
immer aufs neue beschrieben und vielfach auch mit den Erfahrungen
bei Geisteskranken verglichen worden. Weit weniger Aufmerksamkeit hat man den Willensregungen im Traume geschenkt, und in
ganz auffallender Weise wurden die sprachlichen Äußerungen vernachlässigt, obgleich gerade sie mir für den Psychologen wie für
den Irrenarzt eine Reihe von beachtenswerten Tatsachen zu liefern
scheinen. Soviel ich sehe, hat, von kurzen Andeutungen abgesehen,
bisher nur Gießler[1]) sich etwas eingehender mit dieser Frage beschäftigt, freilich ohne die Beziehungen der Sprachstörungen des
Traumes zu den verwandten Erscheinungen bei Gesunden und
Kranken weiter zu verfolgen.

Durch zufällige Erfahrungen bin ich seit mehr als 20 Jahren
auf die absonderlichen Gestaltungen aufmerksam geworden, welche
die Traumsprache darbietet. Namentlich die Ähnlichkeit derselben

---

1) Aus den Tiefen des Traumlebens, 1890, S. 184 ff.; Die physiologischen
Beziehungen der Traumvorgänge, 1896, S. 28; Allg. Zeitschr. f. Psychiatrie, LIX, 908.

mit der Sprachverwirrtheit, auf die ich schon 1889 [1]) hinweisen konnte, hat mir den Anlaß gegeben, im Laufe der Jahre gelegentlich eine größere Zahl von Sprachbeispielen des Traumes zu sammeln. Ein Teil derselben stammt von Personen meiner Umgebung, die ich bat, auf derartige Erfahrungen zu achten; die meisten aber habe ich mir selbst verschafft, indem ich zeitweise eine Tafel an mein Bett legte, um nach dem Erwachen sofort das Geträumte niederzuschreiben. Wer überhaupt träumt, ist auf diese Weise imstande, binnen kurzem eine Menge von Beispielen zusammenzubringen, wie ich durch Versuche und Umfragen feststellen konnte. Namentlich morgens im Halbschlafe vor dem Erwachen, seltener abends vor dem Einschlafen, kommen sprachliche Äußerungen im Traume fast täglich vor. Ich zweifle kaum, daß sie auch sonst sehr häufig sind; nur dürften zu der angegebenen Zeit die Bedingungen für ihr Hineinreichen in das wache Leben am günstigsten sein, ähnlich wie für die Erinnerung an andere Träume. Eine kleinere Zahl von Beobachtungen stammt aus dem Nachmittagsschlafe.

Beginnt man, planmäßig Sprachbeispiele aus dem Traume zu sammeln, so macht man sehr bald zwei merkwürdige Erfahrungen. Die erste ist die ganz außerordentliche Flüchtigkeit der Erinnerung an den Wortlaut der Äußerungen. Auch die Spuren anderer Traumerlebnisse pflegen rasch verloren zu gehen; immerhin aber sind lebhaft träumende Menschen doch ganz gewöhnlich imstande, eine Reihe von Einzelheiten aus ihren Traumereignissen festzuhalten. Dagegen haftet von den sprachlichen Äußerungen ohne besonders darauf gerichtete Aufmerksamkeit in der Regel gar nichts, ja, es ist meist trotz der äußersten Bemühungen nicht möglich, ihren Wortlaut dem Gedächtnis einzuprägen, wenn man sie nicht sofort nach dem Erwachen schriftlich aufzeichnet. Oft genug ist es mir begegnet, daß ich ein Beispiel, welches ich zufällig nicht niederschreiben konnte, beim Aufwachen durch ungezählte Wiederholungen vergeblich auswendig zu lernen suchte. Auch wenn ich es mir ganz sicher eingeprägt zu haben glaubte, mußte ich kurze Zeit darauf zu meinem Verdrusse die Wahrnehmung machen, daß es mir dennoch völlig und unwiederbringlich entschwunden war. Zum Teil mögen sich diese Erfahrungen aus der Unsinnigkeit des Stoffes erklären,

---

1) Psychiatrie, 3. Auflage, S. 145.

die keine Anknüpfungen gestattet. Ferner kann es sich um eine Nachwirkung des Schlafzustandes unmittelbar nach dem Erwachen handeln, die wohl bei lebhaft träumenden Menschen langsamer verschwindet. Einige laute Wiederholungen nach völliger Ermunterung waren für das Festhalten ungemein viel wirksamer, als zahlreiche leise Einprägungsversuche kurz vorher in jenem Zwischenzustande, in dem das Traumerlebnis immerhin schon klar als solches aufgefaßt und zum Zwecke wissenschaftlicher Verwertung festgehalten wurde. Dennoch aber drängte sich mir bei jeder Gelegenheit die außerordentliche Schwierigkeit auf, sprachliche Äußerungen aus dem Traume auch nur wenige Minuten nach dem Erwachen noch wiederzugeben, während es mir ein leichtes ist, im Laufe des Tages lange Reihen von Traumerlebnissen anderer Art mit allen möglichen Einzelheiten wieder an mir vorüberziehen zu lassen. Wenn hier die Lebhaftigkeit und Reichhaltigkeit der Erinnerung bisweilen gar nicht so sehr weit hinter derjenigen des wachen Lebens zurückzustehen schien, haften die Sprachvorstellungen des Traumes zweifellos unvergleichlich viel schwächer, als die des hellen Bewußtseins.

Sehr sonderbar hat mich ferner oft genug die Erfahrung berührt, daß es mir nach dem Erwachen einige Zeit hindurch nicht möglich war, die Unsinnigkeit von sprachlichen Äußerungen des Traumes zu erkennen. In einer ganzen Reihe von Fällen, in denen ich darüber klar war, geträumt und ein Sprachbeispiel erlebt zu haben, das ich festzuhalten suchen müsse, schien mir dieses Beispiel zu meiner Enttäuschung zunächst keinerlei Abweichung von den Äußerungen im Wachen darzubieten, so daß ich die Aufzeichnung für zwecklos hielt. Erst nach längerer, eingehender Überlegung wurde mir dann allmählich die völlige Unsinnigkeit des Gesagten deutlich. Das Hinüberreichen der Traumstörung in das erwachende Tagesbewußtsein war auf diesem Gebiete noch sehr auffallend, nachdem die übrigen Traumerscheinungen bereits geschwunden und berichtigt waren. Solche Erfahrungen erinnern uns an jene Dämmerzustände, in denen die Fähigkeit des sprachlichen Ausdrucks wie das Sprachverständnis noch gestört sein können, obgleich der delirante Zustand vorüber und die allgemeine Orientierung wiedergekehrt ist. Insbesondere kommen hier die Zustände von normaler und krankhafter Schlaftrunkenheit in Betracht.

Die Zahl der von mir gesammelten Beispiele beträgt insgesamt 274. Leider besitze ich vielfach nichts, als den einfachen Wortlaut der sprachlichen Äußerung oder doch nur ganz kurze Bemerkungen über die Deutung und die besonderen begleitenden Umstände. Das hat seinen Grund einmal darin, daß ich zunächst diese Beobachtungen nur als Seltsamkeiten ohne die Absicht weiterer Verfolgung aufzeichnete, dann, daß eine Reihe derselben von anderen Personen herstammt, die nichts Genaueres mehr anzugeben wußten. Sehr häufig aber war endlich der ganze Traumvorgang außerordentlich unklar, so daß außer dem betreffenden Wortlaute keine deutliche Erinnerungsvorstellung mehr in das wache Bewußtsein hinübergerettet wurde. Trotz alledem ist es immerhin noch in einer genügend großen Zahl von Fällen möglich gewesen, sich einigermaßen über die traumhaften Gedankengänge Rechenschaft zu geben, welche die Sprachäußerungen begleiteten.

Soweit eine nachträgliche Beurteilung möglich ist, scheint die überwiegende Mehrzahl der Beispiele vom Träumenden ausgesprochene Worte wiederzugeben. Die Traumäußerungen hatten also wesentlich die Form sprachlicher Bewegungsvorstellungen angenommen und wurden auch so festgehalten. Auch wenn mir dabei der Gedankeninhalt des Gesprochenen ganz klar im Bewußtsein stand, hatte ich doch sehr häufig das Gefühl, rein mechanisch zu sprechen, ohne den eigentlichen Wortlaut meiner Reden scharf aufzufassen. Wie schon erwähnt, vermochte ich diesen Wortlaut bisweilen auch dann noch nicht recht zu erfassen, wenn ich ihn mir nach dem Erwachen einigemal wiederholt hatte, bis dann nach einiger Zeit die Fehlerhaftigkeit oder Unsinnigkeit des sprachlichen Ausdrucks in helle Beleuchtung trat. In 17 Beispielen konnte ich mit ziemlicher Sicherheit feststellen, daß es sich nicht um freie Äußerungen, sondern um das Ablesen von einer gedruckten oder geschriebenen Vorlage handelte; in 15 weiteren Fällen machte die ausdrücklich mitgeträumte absonderliche Schreibung der Worte die Mitwirkung eines Schriftbildes wahrscheinlich. Dazu kam noch eine kleine Anzahl von Beispielen, bei denen vermeintlich etwas früher Gelesenes frei wiedergegeben wurde.

Wenn ich mich auf meine eigene innere Erfahrung verlassen darf, spielten auch in allen diesen Fällen regelmäßig sprachliche Bewegungsvorstellungen die Hauptrolle. Ich sah wohl im Traume den Text vor mir, den ich wiedergab, aber es war doch nicht eigentlich ein Ablesen, sondern mehr ein Sprechen mit der begleitenden Vorstellung, daß sich das Gesprochene auf dem vorliegenden Blatte befinde. Mit anderen Worten, die Schriftbilder gewannen keine halluzinatorische Selbständigkeit und wurden nicht maßgebend für die Folge der sprachlichen Bewegungsvorstellungen, sondern sie begleiteten nur in undeutlicheren Umrissen den Gesamtvorgang, ähnlich, wie es im Wachen der Fall ist, wenn wir etwas Gelesenes auswendig wiederzugeben versuchen. Infolgedessen war es mir auch öfters nicht möglich, zu entscheiden, ob es sich im vorliegenden Beispiel um wirkliches Ablesen oder um die freie Wiedergabe eines nur angenommenen Textes handelte. Mir schienen hier die Grenzen zu verfließen. Ob es nicht in einzelnen Fällen und namentlich bei anderen Personen auch anders sein kann, muß ich dahin gestellt sein lassen. Es ist ja bekannt, daß es Menschen mit sehr ausgeprägten Gesichtserinnerungsbildern gibt, die imstande sind, früher Gelesenes geradezu aus der Erinnerung abzulesen. Ich will hier nicht unterlassen, anzuführen, daß es mir gelegentlich im Halbwachen gelungen ist, im dunkeln Gesichtsfelde auftauchende Worte und Sätze einfach abzulesen; sie hatten regelmäßig denselben unsinnigen Inhalt wie die Traumäußerungen. In sechs Fällen traten die gesehenen Worte als Unterschriften bildlicher Darstellungen auf.

Nur in neun Beispielen wurden die sprachlichen Äußerungen anderen Personen in den Mund gelegt; zweimal handelte es sich dabei um Gesang. Einmal enthielt das Beispiel Frage und Antwort. Die Beobachtungen stammen alle von mir selbst, doch ist es möglich, daß auch von den fremden einige dahin gehören, ohne daß es bemerkt worden wäre. Auch hier schien mir die Rolle der Gehörsvorstellungen keine wesentlich größere zu sein, als bei der vorigen Gruppe diejenige der Gesichtsbilder. Soweit ich mir den Traumvorgang nachträglich noch zu vergegenwärtigen vermag, glaube ich nicht, die betreffenden Äußerungen wirklich gehört zu haben, wie überhaupt meine akustischen Erinnerungen im Wachen wie im Traume sehr wenig lebhafte sind. Vielmehr trat der Wortlaut der sprachlichen Äußerung in einer Form in mein Bewußtsein, über die ich mir keine weitere Rechenschaft geben kann, als daß ich sie eben einer anderen Person zuschrieb. Vielleicht ist der Vorgang als ein inneres Sprechen unter Begleitung von Klangbildern zu deuten. Ich denke dabei an die Erfahrungen bei der Erinnerung an ein Gespräch mit einer anderen Person, deren Äußerungen wenigstens bei mir ebenfalls nicht in Form reiner Gehörsvorstellungen, sondern unter mehr oder weniger starker Beimischung sprachlicher Bewegungsvorstellungen wieder aufzutauchen pflegen.

Der Inhalt der sprachlichen Äußerungen wurde im Traume selbst gewöhnlich für vollkommen fehlerfrei gehalten. Sehr häufig allerdings gab sich der Träumende darüber überhaupt keine Rechenschaft, sondern nahm das Gesagte einfach hin als den Ausdruck der vielfach recht unklaren Gedankengänge. In drei Fällen erschien die Äußerung als besonders gut gelungen, obgleich sich dieses Gefühl beim Erwachen sofort als trügerisch erwies; in drei anderen Fällen wurde ein Wort im Traume selbst als unrichtig erkannt, einmal auch wirklich berichtigt. Einer dieser Fälle ist das einzige Beispiel, das im Traume vermeintlich niedergeschrieben wurde. Wenn demnach die Möglichkeit einer richtigen Beurteilung der sprachlichen Fehlgriffe im Traume nur äußerst selten gegeben zu sein scheint, so ist doch ein unklares Gefühl für die Absonderlichkeit wohl noch öfters vorhanden. Darauf dürfte wenigstens die Erfahrung hindeuten, daß in neun Beispielen die sprachliche Wendung deutlich als eine scherzhafte erschien. Das Auseinanderweichen zwischen Gedankeninhalt und sprachlichem Ausdruck wurde als komischer Kontrast empfunden, ohne daß doch die Unsinnigkeit jenes letzteren klar erfaßt werden konnte.

Von den sprachlichen Traumerinnerungen hatten 96 die Form mehr oder weniger gut ausgebildeter Sätze, bei denen allerdings fünfmal die grammatische Form mangelhaft erschien. Meist waren diese Sätze ziemlich kurz; nur in drei oder vier Beispielen handelte es sich um erzählungsartige Reden. In 17 Fällen wurde eine Anzahl von Worten ohne erkennbaren inhaltlichen oder grammatischen Zusammenhang aneinandergereiht. Rhythmische Gliederung fand sich in 18 Fällen, von denen neun geradezu die Form von Versen mit meist sehr unvollkommenen Reimen angenommen hatten. Bruchstücke von Sätzen kamen 48 mal vor; hier ließ sich niemals unterscheiden, ob die sprachliche Äußerung schon im Traume diese unvollständige Form gehabt oder nur teilweise gehaftet hatte. Dasselbe gilt von den 113 Fällen, in denen einzelne Worte oder Wortverbindungen aufgezeichnet wurden. Es ist mir sehr wahrscheinlich, daß sie in den meisten Fällen aus einem größeren Zusammenhange gerissen waren und nur wegen ihrer Absonderlichkeit besser festgehalten wurden, als die weniger auffälligen Nachbarworte. Bemerkenswert ist endlich noch, daß in 27 Fällen die erinnerten Worte und Wendungen deutlich als Übersetzungen in fremde Sprachen aufgefaßt wurden; der Träumende war darüber klar, daß der betreffende Ausdruck die französische, lateinische, spanische, italienische, griechische, russische, estnische oder finnische Bezeichnung für einen ihm sonst geläufigen Begriff darstelle; Englisch kam merkwürdigerweise nicht vor.

Suchen wir nach diesen Vorbemerkungen den gesamten Beobachtungsstoff zu gruppieren, so erheben sich die allergrößten Schwierigkeiten. Ein Teil derselben liegt darin, daß es bei der Unklarheit der Vorgänge, die sich im einzelnen Falle abgespielt haben, vielfach ganz unmöglich ist, sich über das Wesen der beobachteten Störung genauere Rechenschaft zu geben; eine gewisse Willkür in der Deutung ist daher unvermeidlich. Sodann aber sind die Beispiele in der Regel keine einfachen, sondern verschiedenartige Störungen verbinden und durchkreuzen sich. Unter diesen Umständen kann es sich zunächst nur darum handeln, eine ganz allgemeine Übersicht über die mannigfaltigen Formen zu geben, in denen die traumhafte Sprachstörung auftritt. Die Wege, auf denen diese vorläufige Sichtung des Stoffes wird weitergeführt und berichtigt werden können, sollen späterhin besprochen werden.

Als Ausgangspunkt für unsere Betrachtung bietet sich zunächst die Überlegung, daß wir bei dem Vorgange der sprachlichen Äußerung eine ganze Reihe von Teilvorgängen auseinanderzuhalten haben, die unabhängig voneinander gestört sein können. Die erste Vorbedingung für einen verständlichen Gedankenausdruck ist Klarheit und richtige Ordnung der vorschwebenden Vorstellungen selbst. Alle Störungen in der Ausprägung der Vorstellungen und in der Folgerichtigkeit des Gedankenganges werden sich demnach auch in den sprachlichen Äußerungen geltend machen müssen. Allerdings haben wir es dabei strenggenommen nicht mehr mit Sprachstörungen, sondern mit Denkstörungen zu tun. Es wird sich ergeben, daß wir eine größere Zahl von Beispielen in diesem Sinne zu deuten haben, andererseits aber auch, daß sich mit den Denkstörungen sehr gewöhnlich wirkliche Sprachstörungen verknüpfen.

Diese letzteren bilden für uns die bei weitem wichtigste Hauptgruppe. Um unseren Gedanken den richtigen sprachlichen Ausdruck zu geben, haben wir zunächst die Beziehungen der einzelnen Vorstellungen zueinander in die entsprechenden grammatischen Formen zu bringen. Dazu gehört einmal die richtige Auswahl der sprachlichen Abhängigkeitsverhältnisse, sodann aber die Durchbildung des Satzgefüges. Störungen dieser Vorgänge bedingen im ersten Falle Veränderungen und Unklarheiten des Sinnes, im zweiten dagegen Zusammenhangslosigkeit. Weiterhin aber ist es notwendig, für jede Vorstellung die genau passende sprachliche Bezeichnung aufzufinden. Dieser Vorgang ist im Traume den allerhäufigsten und tiefstgreifenden Störungen unterworfen. Im einzelnen lassen sich dabei wieder eine Reihe verschieden gelagerter Fälle auseinanderhalten, je nachdem bei der Wortfindung der richtige Ausdruck nur verstümmelt, verändert oder aber durch einen ganz anderen, vielleicht endlich durch eine Neubildung ersetzt wird. Dabei ergeben sich die mannigfachsten Beziehungen zwischen dem Fehlworte und dem richtigen Ausdruck. Anklänge und nähere oder fernere begriffliche Anlehnungen können den sprachlichen Mißgriff vermitteln. Vielfach aber läßt sich auch nicht das geringste Band zwischen dem beabsichtigten und dem vorgebrachten Worte auffinden. Dieses letztere endlich kann entweder aus gangbaren sprachlichen Bestandteilen zusammengesetzt oder vollkommen frei erfunden sein.

Eine letzte Form der Sprachstörung, die uns aus dem wachen Leben bei Gesunden und namentlich bei Kranken sehr geläufig ist, die Artikulationsstörungen, habe ich im Traume nicht beobachtet, offenbar deswegen, weil wir es immer nur mit der inneren Sprache zu tun haben, während die wirkliche Innervation der Sprachmuskeln fortfällt. Nur in den Fällen, in denen der Träumende laut spricht, könnten wohl auch Artikulationsstörungen vorkommen, und ich zweifle nach gelegentlichen Beobachtungen nicht daran, daß die Aussprache in solchen Fällen vielfach stark beeinträchtigt ist. Allein der Selbstwahrnehmung entgehen diese Störungen vollkommen. Soviel ich aus eigener Erfahrung urteilen kann, hat der Träumende niemals den

Eindruck, daß er stottert, häsitiert, undeutlich oder fehlerhaft aus-
spricht.

Die eingehendere Besprechung unseres Beobachtungsstoffes werden wir am zweckmäßigsten mit den eigentlichen Sprachstörungen
beginnen. Hier sind wir in der Lage, zunächst an einzelnen Fehl-
ausdrücken die Grundstörungen klarzulegen, die in den verwickelteren
Beispielen immer wieder mit unterlaufen und das Verständnis erschweren. Aus dem gleichen Grunde empfiehlt es sich, die Darstellung der Wortfindungsstörungen an die Spitze zu stellen und
daran diejenige der syntaktischen Sprachstörungen anzuschließen.
Beide Gruppen sind uns aus den Erfahrungen an Kranken vollkommen geläufig. Die erste umfaßt das Gebiet der Paraphasie, die
letztere dasjenige der Akataphasie und des Agrammatismus. Den
Schluß mögen dann die Denkstörungen bilden, soweit sie in der
Traumsprache zum Ausdruck kommen.

II. Störungen der Wortfindung (Paraphasie).

Von Störungen der Wortfindung dürfen wir dann sprechen,
wenn eine Vorstellung nicht mit demjenigen Worte ausgedrückt wird,
welches ihr nach dem Sprachgebrauch entspricht. Die so ent-
stehenden Wortfehler sind entweder einfache, leicht als solche erkennbare Abänderungen des richtigen Wortes oder andere, an sich
sinnvolle Worte mit abweichender Bedeutung oder endlich völlige
Neubildungen. Alle diese Fälle sind unter unseren Beispielen vertreten. Es ist natürlich möglich, unter diesen mehr sprachlichen
Gesichtspunkten die verunglückten Wortschöpfungen des Traumes zu
gruppieren. Vielleicht empfiehlt es sich aber noch mehr, von den
Vorstellungen auszugehen, deren Ausdruck sie bilden sollen, und
zwar deshalb, weil die Art dieser Vorstellungen zweifellos eine
erhebliche Bedeutung für das Zustandekommen der Wortfehler besitzt.

Mustern wir unsere Beobachtungen von dieser Seite her, so haben
wir zunächst eine Gruppe von Beispielen abzutrennen, bei denen die
begleitenden Vorstellungen ganz unklar und verschwommen geblieben sind. Es handelt sich somit in diesen Fällen nicht sowohl
um Störungen der Wortfindung, als vielmehr um das Auftreten
von Sprachvorstellungen ohne deutlich entwickelte Gedanken, deren

Ausdruck sie bilden könnten. Dennoch läßt sich nicht verkennen, daß es unmöglich ist, diese Fälle wirklich scharf von den Wortfindungsstörungen im engeren Sinne abzutrennen. Das Auftreten von Sprachstörungen im Traume überhaupt steht sicherlich in engster Abhängigkeit von der Verdunkelung des Bewußtseins und der dadurch bedingten Helligkeitsabnahme der Vorstellungen. Der hier betrachtete Fall entspricht somit nur dem höchsten Grade eines Zustandes, wie er, schwächer ausgeprägt, auch die Wortfindungsstörungen beherrscht. Zudem ist im einzelnen Beispiele die Möglichkeit nicht auszuschließen, daß nur in der Erinnerung das Fehlwort sich deutlicher erhalten habe, als die ursprünglich vielleicht vollkommen lebhafte zugehörige Sachvorstellung. Wir werden daher auch die Wortfehler ohne erkennbaren Vorstellungsinhalt in unserer Darstellung den Wortfindungsstörungen angliedern.

Der nach ihrer Abgrenzung hier verbleibende Rest von Beispielen läßt sich, wie ich denke, noch in drei Hauptgruppen teilen. In der ersten haben wir es mit sachlichen Allgemeinvorstellungen zu tun, deren Inhalt sich ohne weiteres durch eine kurze sprachliche Bezeichnung ausdrücken läßt. Der Fehler kann hier zunächst durch einfache Abänderung des richtigen Wortes begangen werden:

1. »Enklysma« statt »Klysma«.
2. »Ich war auf der Rhedume« statt »auf der Rhede«.
3. »Ein Hang zum Fach« statt »Vorhang zum Bücherfach«.
4. »F. ißt bei euch mehr, als bei uns, 8—10 Klöße, 2—3 Liter Giesensuppe« statt »Griessuppe«.
5. »Jankgesellen« statt »Junggesellen«.
6. »Dynaster« statt »Dynastes«.
7. »Nichtsdestoweniger erleben die hohen Besuche die unerfrautigsten Druckfehler« statt »unerfreulichsten«.
8. »Wägere und senkrechte Schönheit« statt »wagerechte«.
9. »Psypen« für »psychische Typen«, geschrieben, vom Träumenden selbst als unrichtig erkannt.

In den ersten beiden Beispielen ist die Abänderung durch willkürliche Zusätze bedingt, im dritten durch Auslassungen, im vierten durch eine Verbindung von Zusatz und Auslassung. Die nächsten drei Beobachtungen enthalten Buchstabenvertauschungen, die vorletzte dazu noch eine Auslassung; es sollte hier die geschmackvolle Anordnung eines Zimmers in wagerechter und senkrechter Richtung bezeichnet werden. An Erfahrungen bei Paralytikern erinnert die Zusammenziehung »Psypen«, ähnlich der »Exität« für »Elektrizität«.

Im großen und ganzen weichen diese Beispiele nicht wesentlich von denjenigen ab, die man beim einfachen Versprechen sammeln kann; nur läßt sich hier weniger, als dort, die Beeinflussung durch benachbarte Sprachvorstellungen nachweisen; vielmehr erscheinen die Fehler ganz unvermittelt, vielleicht deswegen, weil wir im Traumbewußtsein den Anstößen dazu weniger leicht nachgehen können. Besser gelingt das bisweilen bei der zweiten Untergruppe, bei der an Stelle der richtigen Bezeichnungen andere, an sich sinnvolle Worte mit abweichender Bedeutung treten, die allerdings öfters noch Verstümmelungen oder Abänderungen zeigen. In einer Anzahl von Fällen läßt sich hier Klangverwandtschaft als Bindeglied nachweisen.

10. »Briefmarken bekleben« statt »aufkleben«.
11. »Ich will nur meine Kleider anstecken« statt »anziehen«.
12. »Axe an die Wurzel legen« statt »Axt«.
13. »Das ist zum mindesten ein Vaginismus« statt »Wagnis«.
14. »Gibt es nicht gerade an dieser Seite einige lebenslängliche Punkte?« für »lebensgefährliche«; gemeint ist die linke Brustseite.
15. »Ich spreche immer zufällig die Wahrheit« für »zuverlässig«.
16. »Café marmolata« statt »Café mit Marmorverkleidung«.

Bei diesen letzteren Beispielen werden wir schon an die absichtlichen Wortwitze oder Druckfehler erinnert, obgleich dem Träumenden jede witzige Beziehung völlig fern lag. Noch deutlicher ist die witzige Färbung bei den von einer und derselben Person herrührenden Bezeichnungen »Pißmark« (17), statt »Lendenmark«, und »Nervus poculomotorius« (18) für den Nervus medianus; beide waren im Traum ernsthaft gemeint, wurden aber wohl gerade wegen ihres Doppelsinnes der Vergessenheit entrissen. Im ersten Falle scheint der Name Bismarck die Bildung des sprachlich möglichen, aber neu erfundenen Ausdrucks angeregt zu haben, der durch die Beziehungen des Lendenmarks zur Blase nahegelegt war. Das zweite Beispiel knüpft an die Bewegung des Armes zum Becherheben an, um dann durch den klangähnlichen Nervus oculomotorius zur Entgleisung gebracht zu werden. Hierhin gehört auch der von Vischer[1] berichtete »Frackelzug«, bei dem Personen mit angezündeten Frackschößen aufziehen; auch hier ist zunächst eine begriffliche Beziehung durch die

---

[1] Auch Einer, II, S. 359.

Ähnlichkeit des Aufzuges mit einem Fackelzug gegeben, der dann durch Beteiligung der Frackschöße in den klangähnlichen Frackelzug verwandelt wird.

Diese letzten drei Beispiele, die ebensogut im Wachen absichtlich erfunden sein könnten, weisen uns darauf hin, daß neben der Klangverwandtschaft, wie sie beim gewöhnlichen Versprechen die Hauptrolle spielt, noch andere Einflüsse den Wortfehler bestimmen können, ein Vorgang, der übrigens ähnlich, wenn auch weit seltener, beim Versprechen beobachtet wird. Dahin gehören folgende Beispiele:

19. »Auf der andern Seite fand sich ein Bewurf von einigen Zahlen« statt »einzelne Einträge«.

20. »Ausweisungsbefehl« statt »Begleitschein«.

21. »Wohin gehst Du? Zur Papstwürdigung« statt »zur Begrüßung«.

22. »Geheimkopeken« statt »Geheimpolizisten«.

23. »Invalidenuhr« statt »alte Uhr«.

24. »Messer vermitteln« statt »beseitigen, unschädlich machen«.

25. »Essen wir heute abend um so schwerer?« statt »später« oder »mehr«.

26. »Die gewachsenen Beile aus Blei« statt »aus einem Stück«.

27. »Die Soldaten sind im Feld; nun wird gegabelt« statt »aufgespießt«.

28. »Sie ist bereits gerichtlich gesteinigt« für »verurteilt«.

29. »Von den edelsten Standesgenossen zu einem Jahre Zuchthaus zerstört« statt »verurteilt«.

30. »J'oi selten tam den Charakter« für »Ich habe nicht so recht Lust«.

Hier vermitteln offenbar überall begriffliche Beziehungen den Wortfehler. Wie beim »Bewurf« einzelne Flecken entstehen, so finden sich die Zahlen verstreut; Begleitschein und Ausweisungsbefehl können beide dem nicht aus eigenem Antriebe Reisenden den Weg vorschreiben; die Begrüßung ist nur eine Form der Würdigung. Bei den »Geheimkopeken« hat sich die Nebenvorstellung des »Russischen« mit eingedrängt, während das alte Inventarstück wegen seiner Gebrechlichkeit als »Invalidenuhr« bezeichnet wird. Das Vermitteln ist die Beseitigung einer Gefahr im Streit; »schwerer« und später oder mehr — welches von beiden der Sinn war, blieb beim Erwachen unklar — sind begrifflich verwandte Steigerungen. Das »Gewachsene« bezeichnet, wie beim Felsen, die Festigkeit des inneren Zusammenhanges; ob hier das »Blei« zugleich die Schwere versinnbildlichen sollte, oder nur durch den Anklang vermittelt war, ließ sich nicht mehr entscheiden. Die Ähnlichkeit in der Handhabung des Bajonetts und der Heugabel ist ohne weiteres einleuchtend, ebenso die innere Beziehung des »Gesteinigt«- oder »Zerstörtwerdens« zur Verurteilung.

Ganz unverständlich erscheint auf den ersten Blick das letzte, in der Tat etwas verwickeltere Beispiel. In die hier besprochene Gruppe paßt es nur insofern, als an Stelle des Ausdrucks »Lust« das begrifflich immerhin verwandte »Charakter« getreten ist; auch die Lust zu einer Handlung ist am Ende ein Ausfluß des Charakters. Weiterhin aber ist das vorschwebende »Ich habe« durch das als altfranzösisch gedachte »J'oi« ersetzt worden; sodann ist »so«, vermeintlich russisch, durch »tam« übersetzt, statt des richtigen »tak«, und endlich ist an Stelle des Begriffes »nicht recht« der verwandte »selten« getreten.

In einer letzten Reihe von Fällen sind durchaus keine Beziehungen, klangliche oder begriffliche, zwischen der richtigen Bezeichnung und dem Fehlworte erkennbar; der assoziative Vorgang, der hier zum Ersatz geführt hat, bleibt völlig dunkel. Hierfür folgende Beispiele:

31. »Kamisol« für »Barkasse«.
32. »Salniter« für »Embryo«.
33. »Scolex«, lateinisch für der »Bucklige«.
34. »Melos«, französisch für »geschäftskundiger Schwager«.
35. »Meyr«, gesprochen »Mëur«, arabisch für »Wächter«.
36. »Wir saßen in der Allonge«, in zwei entsprechenden Gruppen als »Pendants«?).

Es ist wohl nicht ohne Bedeutung, daß die beiden ersten Beispiele wenig gebräuchliche Worte betreffen, deren Beziehung zu bestimmten Sachvorstellungen deswegen vielleicht nur eine lockere war. Ebenso ist es bemerkenswert, daß die folgenden drei Fehler alle als Übersetzungen in fremde Sprachen auftreten. Man hat fast den Eindruck, als ob den Träumenden die Absonderlichkeit der neu auftauchenden Verbindung zwischen Sach- und Sprachvorstellung zu der Erklärung gedrängt habe, es handle sich um eine Übersetzung, bei der ja solche bis dahin ungewohnten Verknüpfungen stattfinden. Im letzten Beispiele hat doch wohl der Anklang zwischen Allonge und Pendant noch eine gewisse Rolle gespielt. Bisweilen wird das Fehlwort noch verstümmelt, wie:

37. »Konstitutielle Stellung« statt »aufrechte Stellung«.

38. »Im übrigen ist er noch mehrere Male erüberdernd werden« für »hat noch mehrere Male eingeladen«.

Im ersten Beispiele kann man allenfalls aus der Bedeutung des lateinischen Wortes »constituere« eine gewisse begriffliche Beziehung zu dem auch hier wieder als Übersetzung gedachten Beiworte »aufrecht« entnehmen. Der zweite Fall liegt weit verwickelter. Es scheint, als ob die Einleitung »Im übrigen« durch Nachklang eine Entgleisung des Folgenden veranlaßt hätte. So entstand das unsinnige, verstümmelte Wort »erüberdernd«, das vom Träumenden wegen seiner merkwürdigen Form bezeichnenderweise als sächsischer Provinzialismus aufgefaßt wurde. Nach dieser vom vorschwebenden Gedanken ganz abschwenkenden sprachlichen Mißbildung geht dann auch das Satzgefüge in die Brüche.

Die zuletzt aufgeführten Fälle, in denen einerseits die Beziehungen zwischen Gedanken und Fehlwort sich lockern, andererseits dieses letztere ungewöhnliche oder gar verstümmelte Form annimmt, bilden den Übergang zu der überraschend großen Gruppe der Wortneubildungen. Schon bei manchen der oben angeführten Beobachtungen (»Salniter«, »Scolex«, »Melos«, »Meyr«) erscheint es als ganz nebensächlich, daß die Fehlwörter an sich noch eine, allerdings weit abseits liegende Bedeutung haben. Bei den nunmehr zu betrachtenden Neubildungen läßt sich deutlich verfolgen, wie einerseits vielfach noch sinnvolle Bestandteile in sie eingehen, mit oder ohne Beziehung zu dem vorschwebenden Gedankenausdrucke, während auf der anderen Seite vollkommen willkürlich erfundene und sinnlose Silbenverbindungen stehen; zwischen beiden Formen gibt es alle möglichen Übergänge. Um uns den Überblick über die große Zahl der Beobachtungen zu erleichtern, wollen wir wieder, wie früher, zunächst diejenigen Fälle ins Auge fassen, bei denen eine mehr oder weniger deutliche klangliche Anlehnung des Fehlwortes an den richtigen Ausdruck erkennbar ist. Wir gehen dabei allmählich von den sprachlich verständlicheren Formen zu den ganz willkürlichen Neubildungen über.

39. »Schwartenhäuser« für »ausgedehnte Schwielen an der Hand«.

40. »Häuserrechnungsziffer« für »Doppelhaus«.

41. »Eichweisel« für »Eichhörnchen«.

42. »Mit dem Unterschiede, daß Italien dracht«, »herrschsüchtig«, »ein Drache ist«.

43. »Ich habe einen Grund, einen Würzgrund«, einen »Grund, der mit Würzburg in Beziehung steht«.

44. »Luftkamte«, allgemeinerer Ausdruck für Luftballon.

45. »Wir sehen noch die abgerasten Walzerkönige« für »hinreißenden«.

Es ist schwer, sich über das Zustandekommen der einzelnen Fehler Rechenschaft zu geben. Bei der »Häuserrechnungsziffer« dürfte der Begriff der Vervielfachung ein Bindeglied gebildet haben, während ich geneigt bin, bei der Entstehung des Eich-»weisel« eine klangliche Nebenwirkung der beim Eichhörnchen naheliegenden Vorstellung »Schweif« anzunehmen. Die beiden folgenden Beispiele sind einfache Zusammenziehungen verwickelterer Ausdrücke. Bei dem nächsten spielte die Vorstellung »Würfel« mit hinein, dem der verstümmelte Bestandteil »Kamte« statt »Kante« zuzuschreiben ist. Das »abgerast« ist aus der Vorstellung des leidenschaftlich dahinrasenden Tanzes entstanden.

46. »Pommerali« für »Pommes de terre«, in einem Brüsseler Hotel verlangt.

47. »Ein imlessierter Hamlet« für »improvisierter«, Theaterstücktitel.

48. »Das perpauscre Sibirien« statt »transkaukasische«.

49. »Parsemenie«, russisch für »einige Wochen« (paar semaines).

50. »Vulpiunt«, dänisch für »sie wollen«.

51. »Duce« für 2; »tripap« für 3, fremdsprachig; dabei klare Erinnerung daran, daß »pap« = »mal« ist, und daß auch in einer anderen Sprache ein ähnliches Suffix an die Iterativzahl gehängt wird.

52. »Peince-voutes« für »Patience« (Pensez-vous).

53. »Kissioll« für »Kissinger Wein« (Kissell).

54. »Die Astacien der Oreomalaien« für »nationale Knochenerweichung« (Osteomalacie).

55. »Mophrodunte Luft« für »dumpfe Luft« (Saprophyten).

56. »Voisit, alles voisit«, Ausdruck der Überraschung über massenhafte Termiten.

57. »Reflise«, falscher Ausdruck für »Reflexion«, vermeintlich aus einem Schriftsteller von Sanders zitiert.

58. »Kaiphaxe«, scherzhaft für »Kaimans« im Frankfurter Zoologischen Garten.

In den ersten drei Beispielen treten die Fehlworte für Fremdwörter ein, von denen wir wohl annehmen dürfen, daß sie mit den Sachvorstellungen lockerer verknüpft sind, als die in frühester Jugend erworbenen, mit dem gesamten Wortschatze der Muttersprache in organischer Verbindung stehenden deutschen Bezeichnungen, eine Eigentümlichkeit, die sich ja in der Häufigkeit und Unauffälligkeit von Verwechselungen dieser spät und mangelhaft angelernten Ausdrücke deutlich genug geltend macht.

Die nächsten drei Fälle tragen wieder den Stempel von Übersetzungen in eine fremde Sprache, durch den sich der Träumende die Ungereimtheit des auftauchenden sprachlichen Ausdruckes gewissermaßen einleuchtend macht. Die mehr oder weniger entfernten Anklänge an die wirklich vorschwebenden Worte sind überall unverkennbar. Bei »vulpiunt« bildete »volunt«, bei »duce« das spanische »doce«, das allerdings nicht zwei, sondern zwölf heißt, das Bindeglied. Ganz ähnlich sehen wir auch in den folgenden fünf Beispielen den Wortfehler durch Vermittelung unklar vorschwebender Nebenvorstellungen zustande kommen. An das ursprünglich gedachte »Patience« knüpft sich als Klangassoziation »Pensez-vous« an, um nun wieder den ähnlich klingenden, aber unsinnigen Wortfehler hervorzurufen. »Kissiol« ist nichts als eine Abwandlung des russischen Wortes Kissell (Fruchtsaftspeise), dessen wirklicher Sinn aber verloren geht, vielmehr auf dem Wege der Klangassoziation mit Kissingen in Verbindung gebracht wird. Hier wie in manchen anderen Beispielen hatte der Träumende den Eindruck, als ob das Fehlwort zunächst rein als Sprachbewegungsvorstellung entstünde und dann erst nachträglich eine Sachvorstellung auslöste. Die »Astacien der Oreomalaien« sind eine Klangparaphrase des durch den ursprünglichen Gedanken wachgerufenen Ausdrucks »Osteomalacie«; die Bezeichnung »mophrodunt« klingt an die durch Vorstellung der dumpfen Luft ausgelöste Assoziation »Saprophyten« an. »Voisit« endlich ist anscheinend eine Zusammenziehung aus den beiden vorschwebenden Vorstellungen »Voilà« und »Termiten«. Die beiden letzten Beispiele, die weitgehende Verstümmelungen der richtigen Wörter darstellen und daher wohl schon zu den Neubildungen zu rechnen sind, wurden vom Träumenden selbst als nicht richtig gebildet anerkannt und durch entsprechende Nebenvorstellungen gekennzeichnet.

Statt der Klangverwandtschaft kann auch bei den Neubildungen eine mehr oder weniger entfernte begriffliche Beziehung die Entstehung des Wortfehlers vermitteln:

59. »Plantarfreundschaft« für »Händedruck«.

60. »Hier gekreuzter Gang und hier geletzter« für »gekreuzte und gleichseitige Stuhlbeine«.

61. »Paris ist ein ganzes Emmauszimmer für Stein« für »eine geologische Mustersammlung«.

62. »Arithmoseismische Bewegungen« für »Zärtlichkeitsbewegungen« in einem Schauspiel.

63. »Das Mädchen sei bei solchen Gelegenheiten immer unangenehm accept« nehme Trinkgelder.

64. »Eben schreibt mir E., daß Juliens Haut expaus und sie heute morgen starb« für »barst«.

65. »Incipiitis« für »beginnende paralytische Veränderungen«.

66. »Vendiasmen« für »Bestechlichkeit«.

67. »Socorzo«, Tafel eines blinden Bettlers, für »Mitleid«.

68. »Gli occhi cadenti«, »blinder Bettler«, noch lange nach dem Erwachen für gutes Italienisch gehalten.

In der ersten Beobachtung hat offenbar die Vorstellung des Händedruckes zunächst diejenige der Handfläche, dann die der Planta pedis ausgelöst, die sich dann endlich mit der Nebenvorstellung »Freundschaft« zu dem Fehlworte zusammengefunden hat. Im zweiten Beispiel ist die Vorstellung »Gang« wohl durch diejenige der Beine angeregt; woher der Ausdruck »geletzter« stammt, ist unklar. Ebenso ist die Herleitung des »Emmauszimmers« dunkel; sonst handelt es sich in dem folgenden Beispiele um eine Verquickung der Vorstellung des geologisch besonders interessanten Pariser Beckens mit derjenigen einer Mustersammlung. In den letzten sieben Beobachtungen spielen wieder die Fremdwörter und Übersetzungen ihre bedeutsame Rolle, freilich oft in sehr fernliegenden Anknüpfungen. Bei den »arithmoseismischen« Bewegungen schwebten die Vorstellungen des Streichelns und Tanzens vor, an die das »Seismische« erinnern könnte, während der erste Teil des Wortes sinnlos hinzugefügt wurde. Die nächsten Beispiele erklären sich von selbst und haben zum Teil fast eine witzige Färbung, obgleich sie vom Träumenden durchaus nicht empfunden wurde. Der Ausdruck »socorzo« ist zweifellos eine Verstümmelung für »soccorso«, Hilfe, wurde aber als das begriffsverwandte »Mitleid« gedeutet. Auch die letzte Beobachtung zeigt, wie ein bestimmter sprachlicher Ausdruck (»sinkende Augen«) im Sinne einer begrifflich naheliegenden Vorstellung umgedeutet wird. Wenn man will, kann man diese Fälle aus der Zahl der Neubildungen in die vorige Gruppe der sinnvollen Wortfehler hinübernehmen.

Einen erheblichen Umfang gewinnen unter den Neubildungen endlich die freien Erfindungen ohne jede erkennbare Anlehnung an den richtigen sprachlichen Ausdruck des vorschwebenden Gedankens:

69. »Thronfolgermädchen« statt »Dienstmädchen«.

70. »Telephonener Anzug« statt »Straßenanzug«.

71. »Schusterwölfele« statt »Spion«.

72. »Knietschengiebel« statt »Droschkenkutschersitz«.

73. »Graschendassel«, Schimpfwort für ein Dienstmädchen.

74. »Bei Richter war es ein Risch, ein ewiger Risch, ein Herd de Chimbo« — es war bei einer Festlichkeit besonders hoch hergegangen (ein Chimborasso von Kostbarkeiten) [1]).

75. »Eine Salamine mit einem Treffander« statt »Manschette mit Rand«.

76. »Formentister« für »Schublade«.

77. »Der Ischer des Kantons Unterwalden« statt »Bannerträger«.

78. »Ein administrativ beschleunigter Jary«, »ein amtliches Schreiben«.

79. »Crapaud«, französisch »kleines, elendes Wichtchen«.

80. »Petroskapien« für »Kultusgegenstände«.

81. »Catibo«, Übersetzung für »Brummochse« und »Pfund«.

82. »Vizge di Peru« für »Portugiesische Austern«.

83. »Βασκωλῆγος« für »waffenfreudig«, griechisch.

84. »Vi ha hi mi Fors« für »Auf nach Fors!«, fremdsprachiger Aufruf.

85. »Sano orwis« für »Obst«, ausgesprochen »soch« [2]).

86. »La lemo oseada se arrizza«, spanisch für »Die Sache macht sich«.

87. »Que se penja dé«, spanisch, Frage, »ob von den als Preis hingeworfenen Geldstücken das letzte, 5 (dé) Lire, nun genug sei«.

88. »In d. c. densch«, witzige lateinische Übersetzung für »in den Mond«.

Bei dem »Thronfolgermädchen« könnte man noch an das Bindeglied »Kindermädchen« denken, wenn es auch dem Träumenden nicht zum Bewußtsein kam; bei den nächsten Beispielen aber ist es kaum möglich, irgendeine Anlehnung aufzufinden. Der »Risch« war nach der Erinnerung des Träumenden wohl ein ferner Anklang an das ungewöhnliche »Rout«, während der »Herd de Chimbo« verständlicher erscheint. Die folgenden Ausdrücke erweisen sich als ganz freie Erfindungen; allenfalls kann man beim »Ischer« an das griechische ἴσχω für ἔχω, bei den »Petroskapien« an »Skapulier« denken, wie es dem Träumenden erschien. Die letzten acht Beobachtungen sind auch hier wieder Übersetzungen, jene Form der sprachlichen Anknüpfung, die den Wortfehlern den leichtesten Eingang und den breitesten Spielraum gewährt. Die in Betracht kommende Sprache war nicht immer klar, doch lassen die spanischen Neubildungen, wie die griechische, trotz ihrer völligen Unsinnigkeit und trotz des Ersatzes der Pesetas durch Lire doch in überraschender Weise die Besonderheit des Sprachklanges erkennen. Bei der lateinischen Probe ist das gar nicht der Fall; der Träumende empfand das aber

---

1) Hierher auch »Stolfahren« für »Feriendauer«, mit dunkler Nebenvorstellung, daß die Dauer des Reisens (»fahren«) durch die geistliche Behörde (»Stola«) bestimmt werde, später gesammeltes Beispiel.

2) »Pulgalcella«, »kleine Gartenlaube«, spanisch, später gesammeltes Beispiel.

auch deutlich, indem er vergeblich bemüht war, sich die Einzelheiten des Ausdrucks klarzumachen. Dagegen entspricht »Vi ha hi mi Fors« wieder leidlich dem Klange der finnischen Sprache, die hier wahrscheinlich vorschwebte. Das Urbild des Ausdrucks war nämlich wohl eine zehn Jahre früher gelesene Aufforderung, »till Voss«, d. h. nach Vossewangen in Norwegen zu fahren; doch war im Traume an Stelle des »Voss« die Endsilbe von »Helsingfors« getreten und hatte dem Ganzen zugleich den Stempel des Finnischen aufgeprägt. Bemerkenswert für die aus diesen Beispielen hervorgehende Beeinflussung des Träumenden durch allgemeine sprachliche Einstellungen sind auch die Fehlworte »Knietschengiebel« und »Graschendassel«, die, so sinnlos sie sind, in ihrer sprachlichen Bildung doch den Anklang an die Ausdrucksweise des Berliner Droschkenkutschers bzw. des ungebildeten, rohen Dienstmädchens nicht vermissen lassen. Im letzteren Falle dürften unbestimmte Anklänge an »quasseln«, quatschen«, »Drachen« mitgespielt haben.

Eine gewisse Sonderstellung in unserem Denken nehmen diejenigen Vorstellungen ein, die nicht eine Zusammenfassung vieler gleichartiger Erfahrungen bedeuten, sondern einem bestimmten Einzelgegenstand entsprechen, die Eigennamen im weitesten Sinne. Während sich sonst in der Regel engere Beziehungen zwischen verwandten Gesamtvorstellungen auch in der Sprachbildung widerspiegeln, so daß die gleichen Wortstämme in mannigfachen Abwandlungen ein ganzes Geschlecht von Vorstellungen kennzeichnen, heftet sich der Eigenname in weit willkürlicherer Weise an Person und Gegenstand, meist ohne tiefere Beziehung zum Grundbau der Sprache. Die Verknüpfung pflegt daher hier eine ähnlich lockere zu sein wie bei den fremdsprachigen Bezeichnungen, bei denen wenigstens im Anfange die Zuordnung von Ausdruck und Vorstellung eine rein äußerlich angelernte ist. Dazu kommt, daß die Individualvorstellungen weit schärfer ausgeprägte sinnliche Merkmale besitzen, als die Allgemeinvorstellungen. In diesen letzteren, auch wenn sie unmittelbar aus Sinneserfahrungen herausentwickelt sind, verwischen sich doch regelmäßig die Einzelheiten der Erinnerungsbilder mehr und mehr, so daß die sprachlichen Bestandteile der Gesamtvorstellung gegenüber den verschwommenen Wahrnehmungsspuren immer stärker hervortreten. Bei den Individualvorstellungen dagegen spielt die sprachliche Bezeichnung immer nur

eine Nebenrolle, da sich hier die sinnlichen Erinnerungen nicht ab-
schwächen, sondern in immer vertrauteren Umrissen feste Gestalt
gewinnen. Dieser altbekannte Unterschied ist wohl auch als die
Ursache der alltäglichen Erscheinung anzusehen, daß wir Eigennamen
am schnellsten vergessen, während jene schließlich zu fast reinen
Sprachformen gewordenen Vorstellungen, welche Eigenschaften,
Tätigkeiten, grammatische Beziehungen ausdrücken, selbst bei schweren
krankhaften Sprachstörungen immer am längsten erhalten bleiben.

Wir werden uns daher auch nicht darüber wundern, wenn unter
den Wortfehlern im Traume die Individualbezeichnungen einen verhältnismäßig breiten Raum einnehmen.

89. »Der letzlich entstandene Berg Mantinea auf Rügen«.

90. »Katalepsie« als Herkunftsbezeichnung auf einem Bleistift.

91. »Richard III. von England und Knecht«, letzteres als kleines Ländchen
gedacht.

92. »Chuzbe«, »Schloß Friedrichs des Großen in Sanssouci«.

93. »Arktis thycoides«, Pflanzenname.

94. »Osterwurkbahn«, Bahn im Osten, Anklang an Osterburken.

95. »Tophi«, Pflanzenname (Typha).

96. »Laane«, Eigenname statt »Häusler«.

97. »Apestel, Lukas«, »Aufzählung von Kranken«.

98. »Melms Moltke« statt »Helmut«.

99. »Tomide« für »Toni«.

100. »Sie ist wie Kala«, wie eine durch ihre Treue bekannte Matrone aus
dem Alten Testament; Anklang an »Kaleb«.

101. »Actneus«, lateinisch für »Ätna«.

102. »Nein, Franziska und Back, wie ist es möglich, daß Ihr das mit ansehen könnt«, Anrede an zwei junge Herren, die einen älteren sich bücken lassen.

In allen diesen Beispielen treten wirkliche oder leicht verstümmelte Worte in der Form von Eigennamen auf. Wo die Wortfehler nicht selbst Eigennamen sind, wie Laane, Franziska, Melms,
Mantinea, handelt es sich gewöhnlich um Fremdwörter, Katalepsie,
Arktis, Chuzbe, Tophi, Apestel. Bisweilen läßt sich der verbindende
Faden erkennen, so die Klangähnlichkeit zwischen »Tophi« und dem
vorschwebenden »Typha«, zwischen dem Eigennamen »Melms« und
»Helmut«, bei »Tomide« und »Aetneus«, dessen Abweichung durch
den Stempel der Übersetzung gerechtfertigt wird. Bei »Knecht«
schwebte dem Träumenden das englische »Knight« vor, das an
Stelle des erwarteten »Wales« sich eindrängte; »Arktis« wurde ver-
anlaßt durch die dunkle Vorstellung »Rubus arcticus«, indem die
Pflanze als eine nordische, mit jenem zusammen vorkommende

gedacht war. Bei der »Osterwurkbahn« spielte einmal der »Osten«, in den die Bahn verlegt wurde, dann die daran anklingende Station »Osterburken« eine Rolle. Das verstümmelte »Apestel«, dessen Herkunft unklar blieb, scheint das Auftauchen des folgenden »Lukas« bewirkt zu haben. Bei der Neubildung »Kala« schwebte ursprünglich das Ehepaar Philemon und Baucis vor, an dessen Stelle sich jedoch »Josua und Kaleb« schoben; aus Kaleb wurde dann Kala. Bemerkenswert ist auch die Verwendung des weiblichen »Franziska« für eine männliche Person, ferner die Verlegung des neu entstandenen Berges, bei dem an den Monte nuovo bei Neapel gedacht wurde, nach Rügen.

Von den verstümmelten Bezeichnungen gelangen wir allmählich zu den Neubildungen:

103. »Glockenflügel«, Mädchenname.

104. »Wir haben früher zusammen gespielt, und dann war ich Peter der Große und Du natürlich Parringen« (Verschmelzung von Parricida und Berlichingen).

105. »Das Schloß liegt im Gebiete Greit-Kilian«, in einer Vorstadt von Würzburg.

106. »Die Straße erinnerte in ihren Formen an die boire du porte«.

107. »Nanahatte-Nsens-Ruhestätte«, Firmenschild, estnisch, russisch und deutsch.

108. »Pala suma«, Pflanzenname.

109. »Lacertiner Wein« (Latiner?).

110. »Esperay«, Berg in den Alpen, von der Bahn aus sichtbar.

111. »Abiaco«, steil abfallende Ebene auf Teneriffa.

112. »Bohuslän«, Stadtteil von Berlin, nahe dem Schlosse.

113. »Pentezoo- und Akelepřibramstraße«, auf dem Plane von Dresden.

114. »Rechajola«, historischer Rebell, erwähnt in einem Aufrufe des Kaisers.

115. »Minnisozo«, Name eines Bekannten in Frankfurt.

116. »Maskio«, Vorname einer Frau G., sofort als unrichtig erkannt.

Einige dieser Beispiele lassen noch sinnvolle Bestandteile erkennen; die meisten aber sind ganz willkürlich zusammengewürfelte Silbenzusammenstellungen. Hie und da tritt der Einfluß dunkel vorschwebender Vorstellungen auf die sprachliche Gestaltung der Neubildung hervor, so bei »Parringen«, das sicher durch die Verschmelzung von Parricida und Berlichingen entstanden ist, bei »Greit-Kilian« als Vorort der alten Kilianstadt und beim »Lacertiner« Wein. Bei »Pala suma« dürfte die »Cima della Pala« mit hineingespielt haben, bei »Rechajola« dagegen »Cola di Rienzi«. Die Bildung »Bohuslän« war begleitet von der dunkeln Vorstellung einer früheren wendischen (böhmischen) Herrschaft in Berlin (»Boguslav«), während sich auf dem Plane von Dresden die Nebenvorstellung des benachbarten Böhmen in dem Namen »Přibram« geltend machte. Die übrigen Beispiele sind nicht näher aufzuklären. Die Beobachtungen 106, 107, 108 tragen wieder das Gepräge der Übersetzung bzw. des Fremdsprachigen; beim letzten Beispiel (116) wurde die Unrichtigkeit des von einer andern Person vorgebrachten Namens dem Träumenden sofort klar. Auch die übrigen Neubildungen wurden meist als fremdes Erzeugnis aufgefaßt, gehört oder, häufiger, gelesen, so sehr deutlich 107 und 113, wohl auch 108, 110, 111, 112, 114 und 115.

Die dritte große Gruppe der Wortfehler umfaßt jene Fälle, in denen die begleitende Vorstellung nicht, wie bisher, einfach und knapp umrissen ist, sondern eine verwickeltere Zusammensetzung aufweist. Hier treten die Fehlworte nicht eigentlich für richtige Bezeichnungen ein, wenigstens nicht für einzelne Wörter, sondern sie entsprechen Vorstellungsgemengen, für die unsere Sprache noch keinen kurzen Ausdruck besitzt. Man könnte sich somit etwa vorstellen, daß hier assoziative Neuschöpfungen vorliegen, für die besonders leicht neugebildete Worte auftauchen, weil richtige Bezeichnungen nicht vorhanden sind und also auch nicht verdrängt zu werden brauchen. Es ist aber auch sehr wohl möglich, daß umgekehrt zunächst die Fehlworte entstehen und dann erst zu den gleichzeitig vorhandenen, mehr oder weniger verworrenen Vorstellungen in Beziehung gesetzt werden. Auch in diesem Falle dürfte natürlich die Zuordnung durch das Fehlen sprachlich eingeübter Verknüpfungen erleichtert werden. Bezeichnenderweise haben wir es hier fast nur mit sprachlichen Neubildungen zu tun, während uns dort, wo es sich um längst geprägte und fest benannte Vorstellungen handelte, immerhin eine größere Zahl von Wortverstümmelungen und -abwandlungen begegnete.

117. »Die sogenannte Wachtparade«, Hin- und Herführen der gefüllten Flasche von einem Mundwinkel zum andern; dabei Trinken. Schilderung der Gebräuche einer Freibeutertruppe in Südamerika, wurde dem Träumenden vorgeführt.

118. »Dann wird Kronfleisch ebenso billig sein wie Menschenfleisch«, Schlußworte des Don Carlos. Eine weibliche Person will Don Carlos rächen, indem sie die Königin zur lesbischen Liebe verführt, so daß sie feil ist wie andere Menschen. Hineinspielen der »Fleischnot«.

119. »Schauschale« (Pauschale), Summe zur Bezahlung von Eintrittsgeldern für Schaustellungen auf einer Reise.

120. »Er wird seinen Visierwagen schon finden«, Wagen, der ihn geradeswegs ans Ziel führt.

121. »Rollschnur«, Schnur, mit der eine Schar Sträflinge zusammengehalten wird.

122. »Bellfleisch«, das für den Hund zurechtgeschnittene, von ihm in der Schüssel zurückgelassene Fleisch.

123. »Antibai«, Bai, die auf einer Insel dem Festlande gegenüber liegt.

124. »Kammgarnantilope«, ein bis dahin unbekanntes Tier.

125. »Chalkon und Charbon« (Chalcedon?), neue Mineralien.

126. »Karwendelstreit«, Streit um Kaisers Bart.

127. »Wegegewaltige«, Leute, die das Verfügungsrecht über einen Weg haben.

128. »Euer Majestät Bergholz«, Zeitungshalter als Symbol der Würde (Zepter).

129. »Dreirutschsitz«, Schlitten an einem psychophysischen Apparat.

130. »Capriviera«, politische Lage zur Zeit Caprivis.

131. »Bellunobedenken«, Bedenken des Königs von Portugal, bei einem Besuche in Italien an dem in Belluno weilenden Kaiser von Österreich vorbeizureisen.

132. »Surrogatprinzessinnen«, solche, die mit dem Fürstenhause nicht nahe genug verwandt sind, um Anspruch auf Apanage erheben zu können; Anklang an »morganatisch«.

133. »Substaatstrennung«, vom Staate gelieferter weißer Ärzterock.

Die beiden ersten Beispiele enthalten richtige, sinnvolle Wörter, denen jedoch vom Träumenden eine abweichende Bedeutung beigelegt wird; sie dienen als Ausdruck für verwickeltere, neugebildete Vorstellungen, von denen die letztere durch ihren eigentümlichen Doppelsinn das Gepräge des höhnend Witzigen trägt. Im dritten Beispiele (119) haben wir es mit einer Wortverstümmelung zu tun, die anscheinend durch die Nebenvorstellung »Schaustellung« angeregt wurde. Alle übrigen Fehlworte sind Neubildungen, die sich allerdings aus leidlich sinnvollen Bestandteilen zusammensetzen. Einzelne dieser Schöpfungen, wie die »Bellunobedenken«, die »Capriviera«, die »Wegegewaltigen«, die »Antibai«, könnten allenfalls in der Sprache der Witzblätter oder des gewöhnlichen Umgangs hingenommen werden; sie geben verwickeltere Vorstellungen in knapper, verständlicher Form wieder. Dagegen enthalten die übrigen Beispiele Entgleisungen und Vermengungen trotz sprachlich richtiger Bildung. Beim »Visierwagen«, beim »Bellfleisch«, beim »Dreirutschsitz« stehen die sich eindrängenden Nebenvorstellungen wenigstens noch in einer gewissen inneren Beziehung zu der herrschenden Vorstellung; auch bei der »Kammgarnantilope« und den «Surrogatprinzessinnen«, bei denen zudem noch der Anklang an das »Morganatische« mitgespielt hat, könnte man das zugeben; bei der »Substaatstrennung« ist noch ein Anklang an das »Staatseigentum« vorhanden. Bei der »Rollschnur« aber, beim »Karwendelstreit«, beim »Bergholz« sind die Zutaten vollkommen sinnlos. Die Neubildungen »Chalkon« und »Charbon« lehnen sich anscheinend an das Wort »Chalcedon« an und wären vielleicht richtiger mit den oben betrachteten paraphasischen Eigennamen zusammenzustellen.

Weit unklarer, als hier, ist die Entstehungsgeschichte bei den ganz sinnlosen Erfindungen:

134. »Altlivländische Schreilkette«, goldene, altertümliche Doppelkette.

135. »Kleptraum«, Raum, der in einem Amphitheater durch die Sitze selbst eingenommen wird; »freier Bauraum«, der übrigbleibende offene Raum.

136. »Eistubulat«, russisches Amt mit unbeschränktem Verfügungsrecht über Geldmittel.

137. »Kesedoktor«, Arzt, der aus einer Familienstiftung bezahlt wird, halb scherzhaft.

138. »Überreste vom Luditallöwen«, fossile Knochen, auf einer Nordpolfahrt gefunden (Diluvial?).

139. »R. wischt sich Kalkinelgift in die Augen, um besser sehen zu können«.

140. »Wüolideen«, unausführbare Ideen, gedruckt.

141. »Der alte Moor und Amalie spielen Schach, Franz und Karl Leichenschaß«, Regiebemerkung aus den Räubern.

142. »Eureptie«, kurze Zusammenfassung, »Ephemerie«, weitere Ausführung.

143. »Pseudointabloid«, schwindelhaftes Mittel gegen Trunksucht.

144. »Glossoplatien«, minderwertige Vervielfältigungen von Bildern als Zimmerschmuck.

145. »Alpentinde«, Rebus auf Notenlinien in einer Zeitung (entiende).

146. »Morexalreliquie«, Löwenkopf mit üppiger Mähne und einem Hütchen.

147. »Certroga«, mythologische Figur, Hund und Zwillinge.

148. »Carton de Germi«, Kasten, in dem der Verleger die Empfangsbescheinigungen für versandte Rezensionsexemplare sammelt.

149. »Puni«, besonders gewandter Gaunerheld in der Gaunersprache.

150. »Wir sind doch keine Irreterenten«, Abart der Jungfrau.

151. »Morphium und Obornium«, neues Alkaloid.

152. »Imbetit«, Kasten für Revolverpatronen.

153. »Sementierprempel«, Mitglied eines Konsumvereins.

Eine ganze Anzahl dieser Neubildungen traten zunächst als Gesichtsbilder auf, so 137, 140, 141, 145, 146, 147; von den übrigen ist es nicht bekannt. Der »Kesedoktor« wurde trotz seines scherzhaften Beiklanges ausdrücklich vom »Käse« unterschieden. Dem

Träumenden schwebte eine Familienstiftung (»Kesestiftung«) vor, die alle möglichen Ausgaben deckt, wenn man auf sie Anweisungen schreibt, z. B. auch Verluste beim Skatspiel; so entstand noch die Nebenvorstellung »Kesejungen«. Beim »Luditallöwen« hat wohl »Diluvial« vorgeschwebt; bei dem »Kalkinelgift« könnte an Kalomel gedacht worden sein. Die »Wüolideen« hängen mit »Wühlen« zusammen; sie sind ungeordnet, zerwühlt. Das »Eistubulat« erinnert durch seine erste Silbe an das kalte Rußland, während sich beim »Kleptraum« eine begriffliche Anlehnung an das griechische κλέπτω findet, der Raum, der gewissermaßen verloren geht, gestohlen wird. Das »Leichenschaß« wird offenbar zum Teil durch das vorhergehende »Schach« bestimmt, erhält aber seine besondere schaurige Färbung durch den Zusatz.

Die folgenden drei Ausdrücke, 142, 143, 144, tragen sprachlich das Gepräge wohlgebildeter Fremdwörter und lassen trotz ihrer Unsinnigkeit deutliche Anklänge an die zugrunde liegenden Vorstellungen erkennen; die »Glossoplatien« scheinen durch »Platinotypie« und den Ausdruck »plattiert« beeinflußt worden zu sein. Das »Alpentinde« ist kaum verständlich, wurde aber auch vom Träumenden als Rebus aufgefaßt; einerseits steckt in ihm das norwegische »tind«, Zahn, Gipfel, andererseits das verstümmelte spanische »entiende«. Die Beispiele 146 und 147 waren Bezeichnungen für Bilder. Bei »Irreterenten« hat wohl, allerdings ohne irgendwelche Beziehung zu der Grundvorstellung, »Irredentisten« vorgeschwebt; bei den übrigen Beispielen ist keinerlei Anknüpfung aufzufinden. »Sementierprempel« war durch den Namen »Schrimbs oder Preppel« in Immermanns Münchhausen angeregt.

Wir erkennen aus den mitgeteilten Beobachtungen unschwer, wie zunächst noch engere Beziehungen zwischen dem Gedankengange und dem sprachlichen Ausdrucke bestehen, so daß dieser letztere bisweilen als leidlich gelungene Zusammenfassung gelten kann. Dennoch dürfte es sich bei diesen Bildungen schwerlich um das Ergebnis ähnlicher geistiger Arbeit handeln, wie sie den glücklichen sprachlichen Schöpfungen für neue oder bisher nicht benannte Vorstellungen zugrunde liegt. Vielmehr tritt uns in zahlreichen Fällen die Tatsache entgegen, daß sich von den mannigfachen, im Traumbewußtsein auftauchenden Vorstellungen immer nur ein Teil bis zur Fassung in Worte durchringt, während andere in den Hintergrund gedrängt werden oder doch nur mittelbar, durch sachliche oder lautliche Assoziationen, die innere Sprache beeinflussen. Allerdings ist Ähnliches ohne Zweifel auch im wachen Leben der Fall. Allein während hier durch Ober- oder Zielvorstellungen die Umsetzung des Bewußtseinsinhaltes in Sprachform beherrscht wird, so daß diese letztere einen annähernd vollständigen Ausdruck bestimmter Gedankengänge bildet, sind es im Traum bunt zusammengewürfelte Bruchstücke des Bewußtseinsinhaltes, die zur sprachlichen Vertretung gelangen. Dabei können unter Umständen treffende, knappe Wendungen zustande kommen; in der Regel aber, wie wir gesehen haben, fallen bei der sprachlichen Umsetzung wesentliche Bestandteile aus, während Nebenvorstellungen und oft genug auch ganz fremde, zufällige Bestandteile sich eindrängen. Das letztere wird um so reichlicher geschehen, je verschwommener und matter die Gedankengänge entwickelt sind. Namentlich wird dann immer das Hervortreten rein sprachlicher Bildungen ohne Bedeutung und damit das Entstehen sinnloser Fehlworte naheliegen. In der Tat habe ich außer den schon angeführten Beispielen, bei denen immerhin noch Begleitvorstellungen erkennbar waren, eine Anzahl von Beobachtungen gesammelt, die unverständliche sprachliche Äußerungen ohne irgend erinnerliche Bedeutung darstellen.

Eine erste Gruppe derselben zeigt sprachlich richtige Bildungen:

154. »Ihr irisches verstopftes Zeug«.

155. »Bindegewebspathologen und Epithelialpathologen«.

156. »Sind das Pockennarben oder Infusionen?« (Infusions- oder Injektionsnarben?)

157. »Da ist etwas Abiturientenschmutz drin«, in der Tasse.

158. »Rindenazoren« (Anklang an »Zonalfasern«?).

159. »Lordsaitenspieler und Muskelsardinen«, Personen eines Festzuges; schwache Erinnerung an Mantegnas Zug in Hampton Court.

160. »Los angelos ninnos«, sinnlose Zusammensetzung aus »Los angeles, los ninnos«.

Ein Sinn ist mit diesen Worten entweder nie verknüpft gewesen oder beim Erwachen verloren gegangen. Für letztere Annahme sprechen einzelne dunkle Erinnerungen, die sich noch auffinden ließen. Die englische Färbung der »Lordsaitenspieler« dürfte auf die Anknüpfung an die Zeichnungen Mantegnas in England zurückzubeziehen sein, während bei den »Muskelsardinen« wohl der Anklang an die

Dämpfung der Musik durch »Sordinen« eine Rolle gespielt hat. Ganz willkürliche Neubildungen sind folgende:

161. »Jercuntre«, Überschrift über der Spalte eines Kassenbuches.
162. »Famalrat und Gefackelstückplatz«, Überschriften über den Seiten eines Buches.
163. »Taguenten«, unklare Erinnerung an kanarische Namen.
164. »Nächstes Jahr war da ein Peust-wüs-chen«.
165. »Mapteil«, ganz unklar.

Diese absonderlichen Bildungen sind wohl meist als einfaches Silbengeklingel ohne wirkliche Bedeutung aufzufassen; bezeichnenderweise sind die beiden ersten nichtssagende Überschriften ohne irgendeine Beziehung zum Inhalte. Da sie auf dem Gebiete des Krankhaften ihr Gegenstück finden, ist das Vorkommen solcher sinnloser Silbenzusammenstoppelungen im Traume von besonderer Wichtigkeit.

III. Störungen der Rede (Akataphasie und Agrammatismus).

Der sprachliche Ausdruck der Vorstellung ist das Wort, derjenige des Gedankens die Rede. Diese letztere gibt somit nicht einzelne Vorstellungen wieder, sondern Reihen von Vorstellungen, die zueinander in Beziehungen gesetzt werden. Soll die Rede einen Gedanken getreu zum Ausdruck bringen, so müssen zunächst die richtigen Worte für die Teilvorstellungen gefunden werden. Sodann muß sich die sprachliche Prägung in allen Einzelheiten mit dem Inhalte der Gedankenreihe scharf und restlos decken. Endlich aber muß die sprachliche Gliederung die gegenseitigen Beziehungen der Vorstellungen zueinander klar erkennen lassen. Die Störungen, denen die Wortfindung im Traume unterliegen kann, haben wir im vorigen Abschnitt eingehend betrachtet; sie nehmen insofern eine Sonderstellung ein, als sie schon bei der Benennung einer einzelnen Vorstellung hervortreten. Ihnen dürfen wir als Störungen der Rede im engeren Sinne die Fehler der sprachlichen Gedankenprägung und der sprachlichen Gliederung gegenüberstellen. Jene ersteren fassen wir unter der Bezeichnung »Akataphasie« zusammen, diese letzteren als »Agrammatismus«. Selbstverständlich finden sich die verschiedenen Störungen in den einzelnen Beobachtungen vielfach miteinander vereinigt; insbesondere begegnen uns Wortfindungsfehler fast regelmäßig auch in akataphasischen oder agrammatischen Beispielen.

A. Störungen der sprachlichen Gedankenprägung.

Bei der sprachlichen Ausprägung der Gedanken im Traume stoßen wir zunächst auf Fehlgriffe, die vollkommen denen der Wortfindung entsprechen. Der Träumende findet für den ihm vorschwebenden Gedanken nicht den genau deckenden Ausdruck, sondern er sagt etwas anderes, mehr oder weniger Ähnliches. Wir haben es hier mit einem »Danebenreden« zu tun, das wir im Gegensatze zur Paraphasie als »Paralogie«, und zwar als »Verschiebungsparalogie« bezeichnen dürfen.

166. »In Freiburg dient die Innenseite der Teller nicht für das Essen, sondern für den Ort« statt »Auf dem Teller befindet sich ein Bild von Freiburg«.

167. »Schöpferische Eisenhülle« für »eisernes Schöpfgefäß«.

168. »Indem sie ihr Wasser nicht wagerecht bringen, sind sie unbrauchbar« für »sie sind wegen Stromschnellen für die Schiffahrt nicht brauchbar«[1].

169. »Dann würde er die engen, anliegenden Hosen, die damit verbunden sind, als eine Beleidigung, eine Herausforderung ansehen« für »es würde ihm peinlich sein, beim Arbeiten mit dem Ruderapparat in anliegenden Hosen erscheinen zu müssen«.

170. »War der Teich eine wasserähnliche Arbeit« für »künstlich«.

171. »Ein aufmerksames Gutachten« für »gründliches«[2].

172. »Gelingt dir das mit sympathischer Fernbildung?« für »Kannst du stereoskopisch sehen?«

Man erkennt, daß in diesen Beispielen zwar ungefähr verständlich ist, was gesagt werden sollte, daß aber ein Vergreifen in der Ausdrucksweise stattgefunden hat. Bei der ersten Beobachtung ist der Gedanke, daß die Innenfläche der Teller nicht frei ist, sondern ein Bild enthält, daß also das Essen dieses Bild verdeckt, dahin verschoben, daß sie nicht für das Essen, sondern für den Ort, d. h. für das Bild des Ortes diene; zudem ist aus dem »Bild von Freiburg« geworden »In Freiburg«. Gedanke und Ausdruck decken sich nicht, sondern der erstere erscheint in schiefer, entstellter Form. Das zweite Beispiel enthält eigentlich keinen ausgeführten Gedanken, sondern nur eine zusammengesetzte Vorstellung; dennoch habe ich geglaubt, es hier einfügen zu sollen, da es sich nicht um eine einfache Wortfindungsstörung, sondern um eine solche der Gedanken-

---

1) Hierhin auch »die Erschöpfer kann man zu allem bringen« statt »die Erfinder kann man zu jeder Änderung veranlassen«, sie sind anpassungsfähig, mit leicht verächtlichem Nebensinn, später gesammeltes Beispiel.

2) Ähnlich »ein dankbarer Zustand« statt »dankenswerter«, später gesammeltes Beispiel.

prägung handeln dürfte. Ausgedrückt werden soll etwa »Ein eisernes Gefäß, das zum Schöpfen dient«. Für das nächstliegende »Gefäß« tritt die aus dem Begriffe des Umschließens abgeleitete Bezeichnung »Hülle« ein, ferner statt der einfachen Zusammensetzung »Schöpf-gefäß« oder »zum Schöpfen«, »z. Sch. dienend, geeignet, bestimmt« oder dergleichen das klangverwandte, aber einen ganz andern Sinn gebende »schöpferisch«. Wenn man will, ist hier der Sinn des vor-schwebenden Gedankens immerhin verständlich wiedergegeben, aber die Ausdrucksweise erscheint gesucht, weit hergeholt, weil nicht die nächstliegende, selbstverständliche, sondern eine neu erfundene, zudem Nebendeutungen zulassende Fassung gewählt wurde. Auf diese Weise können solche Wendungen unter Umständen das schillernde Gepräge des Witzigen erhalten, ohne daß es vom Träumenden be-absichtigt war. Auch die Beobachtung 168, die sich auf Flüsse be-zieht, zeigt uns neben leichten Verschiebungen zwischen Gedanken und sprachlicher Fassung eine eigentümliche Geschraubtheit der Aus-drucksweise. Zunächst ist die Vorstellung »eben« oder »glatt« durch das begrifflich verwandte, aber nicht genau entsprechende Wort »wagerecht« wiedergegeben; sodann aber ist der zu erwartende Aus-druck »dahinfließen« ersetzt durch die Wendung »bringen ihr Wasser«, die zwar an sich verständlich, aber absonderlich ist. Das für das Verständnis wesentliche Gedankenglied »für die Schiffahrt« ist in der Rede ausgefallen. Beim Beispiel 169 ist zunächst eine Ver-schiebung des Gedankenausdrucks insofern eingetreten, als sich die Vorstellung des Peinlichen in die wiederum begrifflich verwandte Fassung der »Beleidigung«, der »Herausforderung« umgesetzt hat; der Träumende scheint hier nach einer treffenden Prägung gesucht zu haben, da sonst Häufungen von Ausdrücken weit seltener sind, als Auslassungen. Ferner ist die etwa erwartete Wendung »die dabei getragen werden« oder »nötig sind« ersetzt durch den un-beholfenen und den Gedanken schief wiedergebenden Satz »die damit verbunden sind«. Von dem gedachten Ruderapparat ist keine Rede, doch läßt sich hier nicht ausschließen, daß wir es vielleicht mit einem Bruchstücke zu tun haben, dem die Benennung jener Vorstellung schon voraufgegangen war.

Die »wasserähnliche Arbeit« verdankt ihre Entstehung offenbar zunächst dem Ausdrucke der Vorstellung »künstlich« durch das nur teilweise ihren Inhalt deckende »ähnlich«; das Künstliche sieht aus wie das Natürliche, ist ihm aber doch nur ähnlich. Dazwischen hinein spielt die Vorstellung, daß der Teich ein künstliches »Gewässer« ist, so daß sich durch deren Einmischung die Wendung »wasserähnlich« ergab, während die künstliche Entstehung außerdem noch durch die Bezeichnung als wasserähnliche »Arbeit« besonders betont wurde. Bei dem »aufmerksamen« Gutachten ist das kennzeichnende Beiwort für die Leistung durch die Eigenschaft des Arbeiters ersetzt, dessen Aufmerksamkeit eben die Gründlichkeit der Arbeit gewährleistet.

Sehr merkwürdig ist endlich das letzte Beispiel. Der Ausdruck »Fernbildung« kennzeichnet gar nicht ganz schlecht die Entstehung der Tiefe beim stereoskopischen Sehen, bei dem gewisse Teile des Bildes in den Hintergrund rücken, so daß eine »Ferne gebildet« wird. Dazu ist das Zusammenwirken beider Augen nötig, wie es durch das Beiwort »sympathisch« angedeutet wird. Wir haben es also auch hier mit einer gesuchten und verschwommenen Ausdrucksweise zu tun, die jedoch den zugrunde liegenden Gedanken in seinen Umrissen durchschimmern läßt.

Die gemeinsame Eigentümlichkeit dieser Beobachtungen besteht, wie schon angedeutet, meines Erachtens in leichten Verschiebungen zwischen Gedankeninhalt und sprachlichem Ausdruck. Zum Teil mag dabei eine gewisse Unklarheit der Vorstellungen selbst mitspielen, deren verschwommenes Bild die Auswahl der Redewendung nicht scharf und eindeutig bestimmt, sondern Nebeneinflüssen Spielraum läßt. Auf der andern Seite aber erinnern die hier beobachteten Störungen doch auch wieder sehr an diejenigen der Wortfindung, bei der wir ebenfalls begrifflich verwandte Bezeichnungen leicht füreinander eintreten sahen. Gerade die unter Umgehung des Nächstliegenden vorgebrachten, gesuchten Ausdrücke legen die Vermutung nahe, daß hier die Neuschöpfungen als Ersatz für die nicht aufgefundenen gewöhnlichen Wendungen anzusehen seien.

Eine zweite Form der Paralogien beruht nicht auf einfachen Verschiebungen, sondern auf groben Entgleisungen. Die Fassung des vorschwebenden Gedankens wird durch Nebenassoziationen nicht nur in eine absonderliche Form gebracht, sondern durch die Ablenkung auf ganz andere Bahnen geradezu verhindert, so daß die Rede widerspruchsvoll, unsinnig und zusammenhangslos wird.

Immerhin finden sich Übergänge von den Verschiebungen zu den Entgleisungen, wie namentlich die ersten der folgenden Beispiele zeigen werden.

173. »Dem alten Fischer war es gelungen, sich wattmüde zu erhalten«; er hatte bei tagelanger Fahrt seine Kräfte so geschont, daß er sich noch durch das Watt retten konnte.

174. »Die Trauerenthüllung entfaltete die Starrheit« für »traurige Stimmungen führen Gebundenheit herbei«.

175. »Die Köchin fiele in Stangen, wenn es hieße, der Geselle ist aufgegangen«, statt »ihr bräche das Herz«, »auf und davon gegangen«.

176. »Ich lache mich zu Blei« für »ich lache Tränen« (to cry).

177. »Und der Bube muß auf andere Weise in die Schule getrieben werden, als durch Alvarez und den Messinggarten«; ganz unklare Vorstellung; Erinnerung an Weckversuche mit Messingkugeln und den wattierten Kasten, in den sie hineinfielen.

178. »Die erste Auflage ist der Mangelstoff; ich kann mit etwas mangeln«. Unklare Vorstellungen; Hineinspielen eines Eigennamens.

179. »Nur wegen des Abteilungsbetriebes teilte Bettel dem Krämer mit« für »weil Klinik ist, muß ich auf das Wecken hin aufstehen«.

180. »Indem ich überraschend auf die Nahrung, überraschend auch auf das übrige hinblickte« für »indem ich überblickte«.

Im ersten Beispiele würde man statt »wattmüde« etwa erwarten »frisch«, also, wenn man will, gerade das Gegenteil des Gesagten. Die Vorstellung der Ermüdung durch die Anstrengung kam statt derjenigen der Kräfteerhaltung, wie sie durch den Gedankengang gefordert war, zum Ausdruck, allerdings in merkwürdiger Verschmelzung mit der Nebenvorstellung des »Watts«, die hier den einzigen Rest eines nicht zur sprachlichen Formung gelangten Gedankens darstellt, ein Vorgang, den wir später bei der Betrachtung der Ellipsen noch näher zu würdigen haben werden.

Im zweiten Beispiel sollte ausgedrückt werden, daß die traurige Stimmung Gebundenheit erzeugte. An Stelle des »erzeugte« trat zunächst das gezierte »entfaltete,« welches nun seinerseits auf dem Wege des Vorklanges, wie es auch beim gewöhnlichen Versprechen nicht selten vorkommt, die Entgleisung »enthüllung« bewirkte. Ein ähnlicher Vorgang scheint sich bei der Beobachtung 175 abgespielt zu haben. Hier schwebten die Wendungen vor: »Die Köchin verfiele in Trauer« oder ihr »bräche das Herz«. Der bereits auftauchende Schluß des rhythmischen Satzes legte aber einen Reim nahe und führte so zu der sonderbaren Entgleisung, bei der die Vorstellung des Zerbrechens

neben derjenigen des »Verfallens« zum Ausdrucke drängte. »Aufgegangen« enthält eine Auslassung, wie wir ihr später noch in weit
ausgeprägterer Form begegnen werden. Auch im Beispiel 176
scheinen zwei verwandte Wendungen: »Ich lache mich zu Tode« und
»ich lache Tränen« nebeneinander aufgetaucht zu sein. An letztere
knüpfte sich die englische Übersetzung »to cry«, weinen, wurde aber
fälschlich in das klangähnliche »to ply« umgewandelt, das hinwiederum
die Klangassoziation zu Blei anregte. Es wäre unmöglich gewesen,
diese verschlungenen Anknüpfungen zu entwirren, wenn nicht der
Träumende selbst noch imstande gewesen wäre, darüber Rechenschaft
zu geben.

Eine völlige Verdrängung des begonnenen Gedankenganges
durch neue, unvermittelt auftauchende Vorstellungen enthält das
Beispiel 177. Der Träumende vermochte nicht mehr zu sagen, wie
der Nachsatz etwa hätte lauten sollen, ebensowenig, woher der Ausdruck
»Alvarez« hier stammt. Dagegen ist die Neubildung »Messinggarten«
unzweifelhaft durch die Erinnerung an Weckversuche angeregt worden,
bei denen Messingkugeln aus der Höhe auf ein Brett aufschlugen
und dann in einen wattegepolsterten Kasten, gewissermaßen in ein
Gehege, einen Garten, hineinsprangen. Bemerkenswert ist die Bildung
eines neuen Wortes für einen verwickelten, bis dahin nicht einfach
benannten Begriff, sodann die Gesuchtheit des Ausdrucks »Garten«
statt etwa »Kasten«. Das nächste Beispiel erschien dem Träumenden
als Satz, gesprochen beim Öffnen eines Buches auf dem Buchhändler-
kongreß. Der Ausdruck »Mangelstoff« trat an Stelle eines ganz
ähnlich klingenden Eigennamens; es sollte etwa der Verfasser eines
in erster Linie (»erste Auflage«) zu nennenden Buches bezeichnet
werden. Nun erfolgte aber auf dem Wege der Klangassoziation die
Entgleisung zu dem sonst ganz beziehungslosen Schlußsatze. Noch
unbegreiflicher ist der Ausgang des Beispiels 179, der ganz sinnlose
Worte enthält, während der Eingang den vorschwebenden Gedanken
in verschobener Form wiedergibt; an Stelle der klinischen Stunde
ist der begrifflich verwandte »Abteilungsbetrieb« getreten. Als Entgleisung ist wohl auch das letzte Beispiel zu deuten, bei dem die
vorklingende Wendung »überblickte« das klangverwandte »überraschend« auslöste und damit die ganze weitere Entwicklung der
Rede in diesem Sinne veränderte.

Den angeführten Beobachtungen nahe verwandt, aber weit verwickelter, sind die folgenden:

181. »Daß die Schläge wie zwei Wolken durch die Isiswolken tritt« für »Sonnenstrahlen brechen durch Wolken«.

182. »Das Wermeschwert lag ihnen fern. Es diente dazu, die Werme ihrer Bärte, das Gewicht ihres Namens zu wägen« für »Die bärtigen Deutschen warfen ihr Schwert in die Wagschale«.

Hier finden sich zunächst zwei Wortfindungsfehler, »Schläge«, eigentlich »Blitzschläge«, für das sinnverwandte »Strahlen«, sodann »Isiswolken« statt »Iriswolken«. Der Träumende dachte an die Götterbotin Iris, wie sie durch die Wolken schwebt, zugleich an das irisierende Farbenspiel beim Durchbruch der Sonnenstrahlen durch das Gewölk, vergriff sich aber im Worte. Der ganze Satz hatte die Form eines Stimmungsgedichtes und wurde sehr gefühlvoll gesungen. So entstand die Neigung zu rhythmischer Gliederung, die wohl zu dem sinnlosen Vorklangeinschiebsel »wie zwei Wolken« geführt hat. Auch in dem zweiten Beispiel dürften wir es mit einer Entgleisung durch verschiedene Nebenvorstellungen zu tun haben. Was zunächst die unverständlichen Ausdrücke »Werme«, »Wermeschwert« betrifft, die genau in dieser Schreibung auftauchten, so scheinen sie aus einer Vermischung der beiden Worte »Wärme« (Leidenschaft) und »Verve« hervorgegangen zu sein; dem Träumenden schwebte vor, daß die alten Deutschen mit Nachdruck ihr Schwert in die Wagschale warfen, ihre ganze Persönlichkeit einsetzten. Die sprachliche Ausprägung des Gedankens verunglückte und verknüpfte sich zugleich in sinnloser Weise mit den Vorstellungen des Schwertes und der Bärtigkeit, welche letztere dabei an eine ganz falsche Stelle geriet; es sollte heißen: »Die bärtigen«, also würdigen, alten Deutschen. In dieses Gewirr von Entgleisungen schob sich nun noch die Wendung »lag ihnen fern« hinein, deren Ursprung dunkel geblieben ist; wahrscheinlich handelt es sich um den Rest einer zurückgedrängten Nebenvorstellung.

Als eine zweite Hauptform der akataphasischen Störungen können wir die Zusammenziehungen oder Ellipsen betrachten, bei denen umfangreiche Vorstellungsreihen nur durch einzelne sprachliche Bruchstücke wiedergegeben werden. Erst die Erklärung durch den Träumenden selbst vermag dann einigermaßen Licht in das unverständliche Gestammel zu bringen.

183. »Die Augenempfindungen müssen auch mit aufstehen« für »Beim Wecken genügt es nicht, daß man wach wird, sondern man muß auch die Augen öffnen«.

184. »Seine Verdienste blieben nun fast in der Brust nicht fern«; Goethe konnte seine Verdienste nicht so in seiner Brust verschließen, daß sie nicht jeder herausfühlte.

185. »Jetzt kann ich frei von diesem Tadel sein« für »frei, mich wieder zu verheiraten«, vermeintliches Zitat aus Maria Stuart.

186. »Sie sang das Kommandorot« für »sie sang laut ein Lied in der Morgendämmerung«.

187. »Hauptsächlich wegen schwächlicher und anmaßender Verdauung«, d. h. »Eine schwächliche und anmaßende Regierung wird auch dann die Herzen der Untertanen nicht gewinnen, wenn sie ihnen satt zu essen gibt«.

188. »Versteht ke Unterscheiden«, d. h. »Niemand verstand den Träumenden, wenn er in Madrid mit einem Bekannten Italienisch sprach«.

189. »In Bullrich will ich stehen, wie ich zuletzt besessen mein Mütterchen«, Gesang der österreichischen Truppen vor der Schlacht, daß sie in Kanonendonner und Pulverdampf (Bullrich) aushalten und ihren früheren Lehrmeistern, den Franzosen, gegen die sie nunmehr kämpfen sollen, Ehre machen wollen.

190. »Habt Ihr ihn angegriffen? Er dichtert gluck. Da kommt der Portier auch und pfeift einen Schluck«, Couplet, zu Ehren des Träumenden von einem Wiener Komiker gesungen, ahmt nach, wie verschiedene Besucher von den Dienstboten verschieden behandelt werden. Die Mädchen frohlocken (»dichtert gluck«), weil sie den Bettler hinausgeworfen (»angegriffen«) haben; der Portier trinkt vor Freude.

191. »Hier landen sie immer die Halbköpfe hier oben«, d. h. »man kann von Italien zu Schiff an einem Tage direkt nach Hause fahren«.

192. »Sokrates' Schlüssel gebar sie«, unklare Aussage über das Verhalten der Frau von Stein.

Einzelnen kleineren Auslassungen, wie sie auch beim gewöhnlichen Versprechen vorkommen, sind wir schon früher begegnet. Hier aber erreicht die Verstümmelung des sprachlichen Ausdruckes Grade, die sonst beim gesunden Menschen niemals beobachtet werden. Wenn das Wecken zum Aufstehen führen soll, so muß man es auch in den Augen empfinden, daß man wirklich wach ist; das ist etwa der Gedanke, der dem Träumenden im ersten Beispiele vorschwebte und in der sprachlichen Prägung zur Unverständlichkeit verstümmelt wurde. »Seine Verdienste blieben nicht fern« heißt es im zweiten Beispiele, ein gesuchter Ausdruck für »sie blieben nicht unbemerkt«. Der weitere Gedanke, daß sie eben in seiner Persönlichkeit lagen und sich deswegen nicht verleugnen, in der Brust verschließen ließen, sondern überall hervortreten mußten, ist nur durch die dunkle Andeutung »in der Brust« zum Ausdruck gekommen, während »nun fast« als einfache Flickworte zur rhythmischen Rundung des Satzes anzusehen sind.

Maria Stuart will sagen, daß sie nunmehr, nachdem sie durch ihre Buße die frühere Schuld gesühnt habe, wieder frei sei und von neuem heiraten dürfe. Der Träumende bringt jedoch nur den ersten Teil dieses Gedankenganges zum Ausdrucke, obgleich er ihn vollständig und in würdiger dichterischer Form, getreu nach Schiller, wiedergegeben zu haben glaubte. Das »Kommandorot« ist eine Zusammenziehung aus den Vorstellungen, daß laut, wie beim Kommandieren, und daß beim Anbruch des Tages, zur Zeit der Morgenröte, gesungen wurde. Im nächsten Beispiele ist die den Eingang bildende Vorstellung der »schwächlichen und anmaßenden Regierung« nur halb, aber vermehrt um die unklaren Zusätze »Hauptsächlich wegen« in die sprachliche Form übertragen. Daran schließt sich dann unter Ausfall aller Zwischenglieder die Vorstellung »Verdauung«, die durch den Schluß des vorschwebenden Gedankens angeregt wurde. Das Bindeglied bildet der dunkel auftauchende Erfahrungssatz, daß sich die Gemüter während der Verdauung zu beruhigen pflegen. Bei der Beobachtung 188 ist von dem gesamten Gedankeninhalte nur die Vorstellung des »Nichtverstehens« in Worte umgesetzt worden, obgleich sich der Träumende hier, wie in allen andern Fällen, deutlich und vollständig ausgedrückt zu haben glaubte. Dabei ist noch eine Verzwitterung der beiden Ausdrücke »versteht ke Wort« (dialektisch) und »man kann nichts unterscheiden« eingetreten.

Sehr merkwürdig und verwickelt sind die beiden folgenden, in Form des rhythmischen Gesanges auftretenden Beispiele. »Bullrich« ist eine den bekannten Eigennamen benutzende Bildung, die einerseits an das »Bullern« der Kanonen, andererseits wohl auch an den Pulverdampf anklingt; es soll also heißen: »Im Kampfe will ich stehen«. »Mein Mütterchen« ist eine Paralogie für »mein Lehrmeister«, angeregt durch begriffliche Assoziation. Der Zwischensatz enthält die Ellipse für »wie es mein Lehrmeister tat, den ich früher hatte«; die beiden letzten Worte sind ersetzt durch die verschobene Fassung »zuletzt besessen«. Alle übrigen, dem Träumenden noch vorschwebenden Nebenvorstellungen haben keine Wiedergabe gefunden. Im Beispiele 190 ist der Gedanke, daß der Bettler hinausgeworfen wurde, nur durch die Frage ausgedrückt: »Habt Ihr ihn angegriffen?« Nun schwebte vor: »Die Mädchen kichern und frohlocken«; statt dessen heißt es: »Er dichtert gluck«. Das »er« ist wohl auf Nachwirken des kurz vorhergehenden »ihn« zurückzuführen, während wir es in »dichtert gluck« mit sinnlosen Anklängen an »Kichern und Frohlocken« zu tun haben. Der Schluß ist sprachlich wieder voll ausgebildet und enthält einen Reim, der entweder durch das voraufgehende »gluck« angeregt war oder umgekehrt im Vorklingen diese Neubildung mit beeinflußt hat. In der Beobachtung 191 ist nur ein ganz kleiner Bruchteil einer umfassenderen Vorstellungsreihe zum sprachlichen Ausdrucke gelangt. Was den Träumenden beschäftigte, war der ihm verwirklicht scheinende Gedanke, daß man neuerdings zu Schiff an einem Tage von Italien nach Deutschland fahren könne, auf einem Kanal, dessen Weg auf der Karte verfolgt wurde. Indem er glaubte, diese neue Möglichkeit auseinanderzusetzen, sprach er doch nur vom »Landen hier oben«, mit dem unaufklärbaren Zusatze »die Halbköpfe«; dagegen blieb alles übrige unausgesprochen. Um eine Ellipse dürfte es sich wohl auch in dem letzten Beispiele handeln, obgleich sich der wirklich vorschwebende Gedanke durchaus nicht mehr erinnern ließ. Nur die unklare Vorstellung blieb zurück, daß durch die rätselhaften Worte in irgendeiner Weise das Verhalten der Frau von Stein in der Weimarer Gesellschaft näher gekennzeichnet werden sollte.

Eine Art Gegenstück zu den Ellipsen bilden die folgenden Beispiele, bei denen wir es nicht mit Vorstellungen zu tun haben, die vergeblich nach sprachlichem Ausdrucke ringen, sondern umgekehrt mit Worten, denen gar keine oder doch nur sehr dürftige und dunkle Vorstellungen entsprechen. Sie zeichnen sich gegenüber der knappen, vielsagenden Fassung der Ellipsen durch einen gewissen Reichtum an tönenden, aber inhaltleeren Wendungen aus und sind ausnahmslos rhythmisch gegliedert, oft auch gereimt. Gerade diese Eigentümlichkeit dürfte in erster Linie den Schlüssel zu ihrem Verständnis bieten; es handelt sich, ähnlich wie bei den sinnlosen Kehrreimen unserer Lieder, um ein einfaches Wortgeklingel, dessen Reiz wesentlich auf der Wiederkehr derselben Laute, derselben Hebungen und Senkungen in der Silbenfolge beruht.

193. »Wollte schwingen mein Gefieder
    In das Meer hinab,

Wie der Strom mit Meeres über
In des Meeres Grab.« (Goethes Lied an den Mond.)

194. »Ach Palfy, armes Kind, erscheinst Du plötzlich wieder?
Warum bist Du so drollig wieder da?
Ach, damals sah er Diva nicht!
Du bist wie eine dunkeläugige Italienerin«. (Lied des Mirza-Schaffy.)

195. »Frug um die Ehewankung
Und nahm sie selbst zur Schwankung
Als ehelich Gemahl.«

196. »War einst als Evangelimann —
's sind ihrer zwei, berechtigt noch;
Der Vater wohnt Gauangelloch.«

197. »Und mit seinem Schleier weht die Laute her«.

198. »Und Liebe sich bereiteten erquicken«.

199. »Zu des Diamantenschrift zu gränzen«, Schluß eines Gedichts.

200. »O Jüngling, wie frei wir von Sinnen, Frühlingsprangen cop. es von hinten«, Ausdruck der Veränderlichkeit.

201. »Mit Manuarrecht, kann bisher geschehen; Basar ist ähnlich echt«.

Die beiden ersten Beispiele wurden von dem Träumenden geradezu als bekannte Zitate aufgefaßt, und auch die übrigen bilden sämtlich Bruchstücke von vermeintlichen Gedichten. Neben dem Rhythmus, dessen Flickworte bildender Einfluß sich an verschiedenen Stellen deutlich erkennen läßt, spielt besonders der Reim eine hervorragende Rolle beim Zustandekommen dieses Wortgeklingels. Die Reime sind freilich nicht immer rein, »Gefieder — über«, »von Sinnen — von hinten«; andererseits hat das Bedürfnis nach ihrer Erzeugung offenbar die unsinnigsten Entgleisungen herbeigeführt, »mit Meeres über«, »nahm sie selbst zur Schwankung«, »es von hinten« usf. Mehrfach finden sich Neubildungen, wie die »Ehewankung«, die übrigens viele Jahre vor den »Eheirrungen« neuerer Zeit von dem Träumenden geschaffen wurde, das »gränzen«, wohl für »glänzen«, das ganz unklare »Manuarrecht«. Ferner bemerken wir mehrfach Fehler in Konstruktion und Satzgefüge, wie wir sie später noch zu besprechen haben werden. Dahin gehört »mit Meeres über«, »sich bereiteten erquicken«, »zu des Diamantenschrift«, die zusammenhangslose Wortreihe »wie frei wir von Sinnen, Frühlingsprangen cop. es von hinten«. Das merkwürdige, abgekürzte »cop.« deutet auf ein Gesichtsbild hin. Das letzte Beispiel erinnert an den weiterhin zu betrachtenden Telegrammstil.

Irgendwelche klaren Vorstellungen pflegten sich mit diesen

Ergüssen, die regelmäßig als sehr gelungene Dichtungen aufgefaßt wurden, nicht zu verbinden; nur bei dem Beispiel 200 hatte der Träumende den Gedanken, daß der Vers die Veränderlichkeit schildere, ohne daß sich aus den Worten auch nur im entferntesten eine solche Bedeutung herauslesen ließe. Es ist natürlich möglich, daß wir es öfters mit Ellipsen zu tun haben, daß ausgedehnte Vorstellungsreihen, vielleicht von unklarer Prägung, nur in verkümmerten und überdies paraphasisch und paralogisch veränderten Bruchstücken Ausdruck fanden; namentlich die beiden letzten Beispiele in ihrer knappen Fassung könnten diese Vermutung nahelegen. Auf der andern Seite aber tritt doch das Geklingel mit Worten vielfach so deutlich hervor, daß wir als Hauptstörung nicht ein vergebliches Ringen nach Worten, sondern das Auftauchen reiner Worte ohne begleitende Sachvorstellungen annehmen zu dürfen glauben.

B. Störungen der sprachlichen Gliederung.

Wenden wir uns nunmehr den Störungen der sprachlichen Gliederung zu, dem Agrammatismus, so haben wir zunächst der syntaktischen Fehler zu gedenken.

202. »Die Schleie des Katarrhs« für »Katarrh der Magenschleimhaut«.

203. »Die Behandlung freiwilliger Kohlen« statt »freiwillige Beschaffung von Kohlen«.

204. »Sinn bunter sechstes« für »sechster Sinn der Pflanzen«.

In der ersten Beobachtung finden wir eine Umkehrung des Abhängigkeitsverhältnisses, daneben eine durch Klangähnlichkeit bewirkte paraphasische Entgleisung, beides Störungen, die auch beim gewöhnlichen Versprechen vorkommen können. Dasselbe gilt für die Umstellung und Anpassung des Beiwortes freiwillig im zweiten Beispiele; hier ist außerdem wieder aus der »Beschaffung« durch Vermittlung der Klangähnlichkeit eine »Behandlung« geworden. Die letzte Beobachtung zeigt uns die Nachstellung und falsche Abwandlung des Zahlwortes, zugleich aber die Einfügung eines Einschiebsels, das anscheinend durch Nebenassoziation von der gar nicht mit ausgedrückten Vorstellung »Pflanze« her angeregt worden ist. Den Träumenden beschäftigten die mannigfaltigen Formen und Leistungen tropischer Pflanzen; dabei tauchte dunkel die Vorstellung der Tierähnlichkeit und weiterhin des ebenfalls so merkwürdigen Gleichgewichtsorganes der Fische auf, und nun wurde es klar, daß schon der alte anatomische Schriftsteller »Panschow« (verändert aus »Pansch«) die Bezeichnung »Sinn bunter sechstes« eben für einen vermeintlichen sechsten Sinn der Pflanzen gebraucht habe.

205. »Wir dachten, nur dem Schlosse, nur von oben herab«.
206. »Freilich führt mancher an Bettlern zurück den eigenen Fürst«.
207. »Ein Stettin in Deutschem Hause England nichtachtend an den Fürsten von Bulgarien«.
208. »Die Tiere erstickten früher in werdendem Unmut« für »Die auf einem Schiffe zusammengedrängten Tiere wurden unruhig und erstickten«.

Der Sinn der drei ersten Beobachtungen ist ganz unklar geblieben. Für uns kommt hier nur die mangelhafte sprachliche Form in Betracht, das »nur dem Schlosse«, »den eigenen Fürst«, »nichtachtend an den Fürsten«. Das »Stettin in Deutschem Hause« ist eine paraphasische Entgleisung für »Prinz aus deutschem Hause«, angeregt durch die Nebenvorstellung des Hauses »Wettin« mittels der Klangähnlichkeit[1]). Es wäre vielleicht möglich, daß sich jene syntaktischen Fehler bei vollkommener Einsicht in den Sinn der Reden zum Teil aufklären würden, doch scheinen mir die später anzuführenden Beispiele von Agrammatismus dafür zu sprechen, daß es sich um wirkliches Vergreifen handelt. Im letzten Beispiele steht zunächst »Unmut« für »Unruhe«; sodann aber hat der vorschwebende Gedanke »wurden unruhig«, wohl beeinflußt durch die dunkle Vorstellung »wachsende Unruhe«, zu der Fassung »in werdendem Unmut« geführt. Der Zusatz »früher« dürfte ein Versuch sein, den Gedanken wiederzugeben, daß die Tiere »zuerst« unruhig wurden und dann erstickten. Offenbar beruht die syntaktische Umstellung in diesem Beispiel zum Teil auf elliptischer Sprachverstümmelung.

Den Ellipsen nahe verwandte Vorgänge haben wir endlich auch wohl in derjenigen Form der Sprachstörung des Traumes wirksam zu denken, die ich als »Telegrammstil« bezeichnen möchte. Es handelt sich dabei um den mehr oder weniger vollständigen Verlust jedes Satzgefüges.

209. »Jungfrauquarz, idi — idi — bes« für »Goldfunde in Afrika« (Sidi-bel-Abbes).

---

1) Der Setzer hatte hier gesetzt »Rangähnlichkeit«, ein hübsches Beispiel einer an den »Prinzen« anknüpfenden Nebenassoziation.

210. »Tempel an Mausoleum durchaus in arithmetischem Verhältnis mit als humoristisch«, Ausspruch Kaiser Wilhelms I. über einen geplanten Gartenkiosk.

211. »Der Magier, der des Storches Krummgier wird. Sturmtot«, Unterschrift unter einem Bilde aus den Fliegenden Blättern, Cincinnatus am Pfluge, am Himmel ein Storch.

212. »Ausgebildeter Mann, bilt und Haus und kiek hen«, Satire aus dem Kladderadatsch.

213. »Er und oben, wie sie nur fiel und gekündigt«, Stelle aus einem Programm ausständiger Maurer.

214. »Zierlich, stinzig, gewalttätiger Kindermund angegriffen«, bezieht sich auf Waldmeisters Braut, die von einem Kinde geschimpft worden war.

215. »Como alles Bruchsal, hat alles Bruch und Qual«, Schilderung von etwas Unangenehmem.

216. »Die Vorhenne vertritt Tenne-Teufel«, dunkle Vorstellungen »Vorhölle«.

217. »Die Jungfrau lang viel«, ganz unklar.

218. »Ernst von Rieck-Kokaingrund«, ebenfalls unklar.

219. »Klötzchen-Hötzchen. Was ist denn das äußerste?«, unverständlich.

220. »Droudenlast dazu genossen«, unklar.

Hie und da treten in diesen formlosen Wortanhäufungen Andeutungen eines Vorstellungsinhaltes hervor; erst in den letzten Beispielen sind sie nicht mehr zu erkennen. Zum Teil handelt es sich um Anklänge, wie bei »idi-idi-bes« für »Sidi-bel-Abbes«, »Vorhenne« statt »Vorhölle«, häufiger aber um begriffliche Anknüpfungen, wie beim »Jungfrauquarz« (Goldquarz?), »Tempel an Mausoleum«, bei dem »gekündigt« im Maurerprogramm, dem »gewalttätigen Kindermund angegriffen«, dem »zierlich«, das sich wohl auf die gedachte »Braut« beziehen soll, dem »Bruchsal« mit der Bedeutung des Zuchthauses, dem »Teufel«, der sich an die »Vorhölle« anschließt, dem »Storch«, der durch das Gesichtsbild angeregt wird. Es hat demnach den Anschein, als ob hier von den Vorstellungen, die dem Träumenden vorschweben, einzelne unmittelbar, andere durch Vermittlung begrifflicher Assoziationen zum sprachlichen Ausdrucke gelangen, während der Rest ohne logische Gliederung bleibt und daher auch keine syntaktische Ausprägung in der Sprache erfahren kann. Vielmehr werden die Vorstellungsbruchstücke einfach aneinandergereiht, wie namentlich in den Beispielen 209 und 214 gut ersichtlich. In der Beobachtung 210 ersieht man aus der Folge der Worte deutlich, daß es sich um architektonische Vorstellungen dreht, ohne daß doch ein Gedanke ausgedrückt wäre; hier entsteht ein eigentümliches »Drumherumreden«, die Anregung von Vorstellungen eines gewissen Gebietes ohne Gedankenprägung. Dazwischen schieben sich aber dann mehrfach auch Redeteile, die rein der Klangverwandtschaft entstammen; es kommt zu Entgleisungen durch Anklänge. So ist die Neubildung »Krummgier« im Beispiel 211 unter dem Einflusse des »Magiers« entstanden. Die erste Silbe »Krumm« schloß sich an das Bild des gekrümmten Pfluggriffes an; zwischenhinein schob sich aus dem Gesichtsbilde her die Vorstellung Storch. Das »bilt« im nächsten Beispiele ist auch nur ein Nachklang von »ausgebildeter«, »Bruch und Qual« Nachklang von »Bruchsal«, allerdings mit der gleichen Gefühlsbetonung des Unangenehmen. »Tenne« ist ein Reim auf die Entgleisung »Vorhenne«; ob dabei diese durch jene bestimmt wurde oder umgekehrt, ist nicht zu entscheiden. Auch im Beispiel 219 tritt ein unsinniger Reim auf. Die mehrfach beobachteten Neubildungen sind zum Teil durch Klangwirkungen bedingt, so »Hötzchen«, »bilt«, »Krummgier«, vielleicht auch »Vorhenne«. »Sturmtot«, »Kokaingrund«, »Droudenlast« sind unklar; vielleicht handelt es sich um Ellipsen. Im ersteren Falle scheint dem Träumenden der im Bilde gesehene, fliegende Storch dunkel die Vorstellung des Windes und zudem diejenige des Herunterschießens erweckt zu haben. Das Wort »stinzig« erschien ihm als plattdeutscher Ausdruck für »schmächtig« und bezog sich auf die »Braut«. Dieses Beispiel ist das einzige der Reihe, bei dem die Liederlichkeit des sprachlichen Ausdrucks im Traume mißfällig empfunden wurde, während die übrigen Äußerungen vollkommen verständlich und sprachlich richtig erschienen.

An diese ungegliederten Aneinanderreihungen einzelner Vorstellungen und Anklänge können wir vielleicht am besten die Erwähnung einiger Beispiele anschließen, die in Form von sinnlosen Redebruchstücken auftreten, sei es, daß sie von vornherein so erzeugt wurden, sei es, daß sie erst in der Erinnerung verstümmelt wurden. Der Gedankeninhalt ist dabei stets ganz unklar geblieben.

221. »Hans Hopfen und Hansnarren«.
222. »Die Erfindung fortbesetzter Teile«.
223. »Zuerst den Hosen die Huttreppe«, aus einer fürstlichen Ansprache.

Im ersten Beispiel haben wir es mit einer Klangassoziation zu tun; die beiden andern entziehen sich der Deutung. Im letzten wäre es möglich, daß die Vorstellung des »Aufkrempens« der Hosen vorgeschwebt und einerseits diejenige der »Hutkrempe«, andererseits den Anklang »Treppe« angeregt hätte.

IV. Denkstörungen.

Wir können nicht darüber im Zweifel sein, daß die Sprachstörungen des Traumes ganz regelmäßig von tiefgreifenden Denkstörungen begleitet sind, und daß diesen ein wesentlicher Anteil an der Entstehung jener zugeschrieben werden muß. So werden wir einerseits bei den Redefehlern, die auf Unvollkommenheiten der sprachlichen Gedankenprägung und Gliederung hinauslaufen, annehmen dürfen, daß in der Regel wohl auch die vorschwebenden Vorstellungen unklar und ungeordnet sind. Ferner haben wir das Wortgeklingel bereits darauf zurückgeführt, daß hier die Sprachvorstellungen gewissermaßen selbständig werden, weil der Gedankengang seinen Einfluß auf sie verloren hat. Endlich aber müssen wohl bei allen jenen Entgleisungen der Wortfindung wie der Rede, die auf begrifflichen Anknüpfungen beruhen, auch Denkstörungen mit eine Rolle spielen, insofern nicht die Ausgangsvorstellung, sondern erst eine durch sie erweckte Assoziation sprachbildende Kraft gewinnt.

Wenn wir trotzdem den bisher behandelten Sprachstörungen noch eine Gruppe der »Denkstörungen« gegenüberstellen, so geschieht das deswegen, weil sich unter den gesammelten Beispielen eine erhebliche Zahl solcher befindet, bei denen der sprachliche Ausdruck verhältnismäßig wenig oder gar nicht gestört ist, während sich zugleich die Fehler der Gedankenarbeit mit großer Deutlichkeit erkennen lassen. Vielfach ergeben sich gerade aus der Betrachtung dieser Beobachtungen Streiflichter, die geeignet sind, die Lehre von den eigentlichen Sprachstörungen des Traumes zu klären. Endlich aber verknüpfen sich alle die verschiedenen Abweichungen so überaus häufig miteinander, daß man sie wohl auf dem Wege der begrifflichen Zergliederung, nicht aber bei der Gruppierung der einzelnen Beobachtungen einigermaßen streng auseinanderhalten kann. Die Veränderungen des Seelenlebens im Traume sind eben nicht engumschriebene, sondern weit ausgedehnte; es erscheint daher notwendig, bei einer Schilderung der Traumsprache die gesamten Vorgänge mit in den

Bereich der Betrachtung zu ziehen, die bei der Entstehung sprachlicher Äußerungen beteiligt sind.

Schon bei der Besprechung der Wortneubildungen haben wir darauf hingewiesen, daß ihnen in einer beträchtlichen Zahl von Fällen ganz unklare Vorstellungen zugrunde liegen, und daß gerade dieser Umstand das Auftreten sinnloser Silbenzusammensetzungen sehr erleichtert. Späterhin beim Wortgeklingel, wo es sich um die willkürliche Aneinanderreihung nicht von Silben, sondern von Worten und Wendungen handelte, haben wir ähnliche Erwägungen angestellt. Anknüpfend an diese Erfahrungen, möchte ich hier einige Beispiele mitteilen, bei denen die sprachliche Form keine wesentlichen Störungen aufweist, während doch der Gedankeninhalt ganz unverständlich oder nichtssagend ist; einzelne derselben sind Bruchstücke, andere abgeschlossene, richtig ausgebildete Sätze.

224. »Bei den Sozialisten trugen diese Vorgänge dazu bei, ihre Schiffe, ihre Aller, ihre Ruhmestitel in Vergessenheit zu bringen«.

225. »Bei der umstrittenen Wahl Kriege angesagt hatte«.

226. »Die Lage geschulter und gedrechselter Volkskunst aufzuklären«.

227. »Bruder folgt als Biber, verführt den andern«.

228. »Der Alte mußte im Weltgange zugegeben sein«.

229. »Das Hühnchen unbedeutend auslassen«.

230. »Lehmanns Pferde bleiben stehen«, Gesang der Studenten bei einem Fackelzuge.

Es war in diesen Fällen nicht möglich, für die im Traume sehr flott ablaufenden sprachlichen Äußerungen irgendeinen Inhalt aufzufinden. Nur bei dem Beispiele 228 schwebte dem Träumenden unklar die Vorstellung eines Handels vor, bei dem etwas als Zugabe dreingegeben wurde. Möglicherweise wurden die begleitenden Gedankengänge nur vergessen; gerade dieser Umstand spricht aber wohl mit für ihre Unklarheit und Verworrenheit. Im ersten Beispiel erfolgte das Erwachen, bevor der Träumende noch den Satz fertig gesprochen hatte; dennoch vermochte er damit durchaus keinen Sinn zu verbinden. In der Hauptsache dürfte es sich bei diesen gedankenlosen Redensarten um ein Wortgeklingel mit Erhaltung der sprachlichen Form handeln.

Mit der Unklarheit und Verschwommenheit der Vorstellungen verbindet sich in einigen weiteren Beispielen ein Abreißen des verbindenden Fadens, eine Zusammenhangslosigkeit, die auf das Fehlen irgendeines Leitgedankens hinweist.

231. »Niemand wußte es, daß sich die Laterne gegen den Mond in einem ängstlich angedeuteten Mißstande befand. Und so bringe ich meinen Glückwunsch der Wache! Seitdem schlüpfte der kleine Knabe nie wieder durchs Fenster.«

232. »Und der kleine Wolf — er heiratete gerade noch früh genug für seinen Kompagnon Kirchhof. Er hatte einen gebogenen Kopfrand; dagegen seine Träume waren unglücklich, seitdem er den Tee nahm. Er starb und wurde auf dem Kirchhof begraben.«

233. »Weißt Du, wie Dr. F. hier nennt — Es kommen doch hie und da auch Dampfschiffe — 2mal 50 Tropfen Opium«.

234. »Befiehl Du Deine Wege — bau mal vorne auch ein Wasserhaus.« Kindergesang einer Amme, während sie den Wagen hin und her schiebt.

Die beiden ersten, ziemlich gleichartigen Beispiele stammen von derselben Person. Beide waren als gelesene Erzählungen gedacht, das erste als Märchen nach Andersens Art. Vielleicht kann man noch gewisse Gedankengänge erkennen, obgleich der Träumende selbst nichts mehr darüber anzugeben vermochte. So werden Laterne und Mond als im »Mißstande«, möglicherweise »Mißverhältnis« befindlich bezeichnet, das »unglückliche« Träumen mit dem Teetrinken in Beziehung gesetzt. Der Eigenname »Kirchhof« scheint die Vorstellung des Sterbens und Begrabenwerdens ausgelöst zu haben. Sonst aber fehlt jeder Zusammenhang in den aneinandergeknüpften, nur die äußere Form der Erzählung festhaltenden Sätzen. In den beiden weiteren, von einer andern Person gelieferten Beispielen ist das Abspringen noch unvermittelter. Das erste derselben hatte für den Träumenden einen humoristischen Anstrich; die »zweimal fünfzig Tropfen« erschienen ihm als Ladung der Schiffe. Im Beginne ist hier eine kleine Verstümmelung zu verzeichnen; es soll offenbar heißen »wie man Dr. F. hier nennt«. In der letzten Beobachtung scheint das Abspringen durch das Gefühl des Harndranges bewirkt worden zu sein; das »Wasserhaus«, das vorn gebaut werden soll, deutet darauf hin.

Die uns hier entgegentretende Zusammenhangslosigkeit wegen Fehlens leitender Gedankengänge ist natürlich nur eine Teilerscheinung der allgemeinen Störung, die überhaupt den Ablauf unserer Träume kennzeichnet. Der unvermittelte Wechsel aufeinander folgender Vorgänge, das fortwährende Verlieren des Fadens, an dem sich die Ereignisse aufreihen, ist ja die auffallendste Eigentümlichkeit unserer Traumerlebnisse. Auf die gleiche Grundstörung können wir wohl diejenigen der früher besprochenen Entgleisungen zurückführen, bei denen die richtige Ausprägung eines Gedankens durch das Auftauchen ablenkender Nebenvorstellungen vereitelt wurde, seien es begriffliche Assoziationen oder Anklänge. Während somit in diesen Fällen wesentlich das Fehlen von Zielvorstellungen und die dadurch bedingte erhöhte Ablenkbarkeit als Grundlage der Störung anzusehen ist, begegnet uns weiterhin unter den Denkfehlern des Traumes in sehr ausgeprägter Form ein Vorgang, der an die früher betrachteten Verschiebungen des sprachlichen Ausdrucks erinnert. Dort handelte es sich um das Eintreten fernliegender, »gesuchter« Wendungen an Stelle der einfachsten und selbstverständlichsten Ausdrucksweise. Hier dagegen wird nicht der ursprünglich vorschwebende, sondern ein anderer, durch begriffliche Assoziation sich anknüpfender Gedanke in Worte umgesetzt, ohne daß dem Träumenden diese Gedankenverschiebung zum Bewußtsein käme. Hierfür die folgenden Beispiele:

235. »Wenn wir einen größeren Ton hätten und besser ausgestattet wären« für »alles mehr aus einem Guß«.

236. »Die forensische Feststellung ist schwierig« für »es ist (wegen großer Müdigkeit) schwierig, festzustellen, wie spät es ist«.

237. »Pischdorf und Heinrichau sind mir schon lange als unzurechnungsfähig bekannt«, halb witzig für »man kann sich dort leicht verirren«.

238. »Die Pilze, ja die Pilze und die Engel, die Engel finden sich« für »das Körperliche und das Geistige im Menschen findet sich zusammen«.

239. »Das innere Politikfach und das äußere Postfach« für »Politik und Verwaltung«.

240. »Verszeit und Menschenzeit«, nationale und allgemeine Geschichte; Vers als »Teil« (eines Gedichtes) gedacht.

241. »Morgen kann ja der fragmentarische erste August spielen« für »die Vorfeier zum Sedanfest kann stattfinden«.

242. »Der gerade Direktor ein krummer Schriftsteller« für »schreibt anders, als man von ihm erwarten sollte«.

243. »Die Lockensardellen ließen ihn schaudern, und vor einer einzigen derselben floh er zurück« für »Er hatte eine Abneigung gegen alles besonders Feierliche (Allongeperücken); eine Andeutung desselben genügte, um ihn abzuschrecken«.

244. »Wenn man bedenkt, alle die wilden Apfelgalerien in N.« für »die kleinen unbedeutenden Sammlungen«.

245. »Es ist doch ein punschhaltiges Individuum!«, schwärmerischer Ausruf angesichts einer schönen Landschaft.

246. »Der unter dem großen Bären den Zentralkreuzer spielt« für »die Hauptrolle«, unter einer Vignette, den großen Bären darstellend.

247. »Herrn N. wurde der Preis (für eine Arbeit über Zahnheilkunde) verliehen, obgleich er nicht im Notariat beschäftigt war« für »obgleich er nicht in einer Zahnklinik tätig gewesen war«.

248. »Davon braucht das Herz nichts zu wissen; das Haus soll rein bleiben«, eine Handlung, die der Verstand begeht, braucht das Gemüt nicht zu wissen. Aus dem Theaterstück »Mokobene«.

Wir werden hier vielfach an die Störungen der Wortfindung erinnert, und in der Tat müssen wir wohl annehmen, daß dorthin fließende Übergänge vorhanden sind. Immerhin haben wir es doch nicht mit einfachen Wortverwechselungen zu tun, sondern die Gedankenprägung ist auf ein falsches Geleise geraten; es genügt daher nicht, für einen einzelnen verfehlten Ausdruck den richtigen einzusetzen, sondern der ganze Gedanke muß eine andere Wendung erhalten. Meist lassen sich die Nebenassoziationen, die zur Entgleisung geführt haben, noch einigermaßen erkennen. Der »größere Ton« erinnert daran, daß alles mehr im »Einklang« stehen sollte; die »forensische« Feststellung soll wohl die »genaue« Feststellung bedeuten, die dem Träumenden schwierig erschien, da er sich nicht dazu aufraffen konnte, nach der Uhr zu sehen.

»Unzurechnungsfähig« ist jemand, der nicht mehr weiß, was er tut, wie ein Verirrter nicht mehr darüber klar ist, wo er sich befindet und wohin er geht; dieser Zustand ist in witziger Absicht als Eigenschaft auf die genannte Gegend übertragen. Außerdem dürfte noch der Anklang zwischen »Zurechnung« und »Sichzurechtfinden« mit hineingespielt haben. Die »Pilze« sind mit Hilfe der Nebenassoziation des niedrig Organisierten, des »Urschleims«, zu Vertretern der körperlichen Bestandteile im Menschen geworden, die »Engel« als geistige Wesen diejenigen der Seele.

Im Beispiel 239 sollten Politik und Verwaltung einander gegenübergestellt werden. Erstere wurde dabei etwa als die mehr innerliche Triebfeder des staatlichen Geschehens, letztere als die äußerliche, formale Regelung desselben gedacht. Durch dunkle, nicht mehr aufklärbare Nebenassoziationen ist hier das »Postfach« für die »Verwaltung« eingetreten und hat wohl auch noch die sprachliche Form des »inneren Politikfaches« mit beeinflußt.

Einen ganz andern Gegensatz enthält »Verszeit und Menschenzeit«. »Zeit« steht hier für dasjenige, was sich in der Zeit abspielt, die Geschichte. Wie ferner der Vers nur ein Bruchstück eines

Ganzen, des Gedichtes, ist, so ist die Geschichte eines Volkes nur ein Teil der Menschengeschichte; so steht »Verszeit« bildlich für »nationale Geschichte«. Sehr merkwürdig ist das Beispiel 241. Hier hat, wie es scheint, die nach Ausdruck ringende Vorstellung der »Vorfeier« eine Reihe von gleichartigen Entgleisungen bewirkt. Für den September ist der ihm voraufgehende August eingetreten, für den 2. der wirklichen Sedanfeier der 1. des Monats, und endlich ist das »Vorläufige« der Feier noch durch die begriffliche Neben-assoziation des »Fragmentarischen«, also nicht ganz Vollständigen, zur Geltung gekommen.

Auch der »krumme Schriftsteller« ist wohl nicht einfach ein Wortfindungsfehler, sondern eine Gedankenentgleisung. Der Doppel-sinn des Wortes »gerade« in seiner sinnlichen und übertragenen Bedeutung bewirkt hier auch eine Übertragung des Gegensatzes »krumm« von dem ersteren auf das letztere Gebiet. Verwickelter ist die Beobachtung 243. Als Sinnbild des langweilig Feierlichen schwebte dem Träumenden die Vorstellung der Allongeperücken vor; der Satz wurde also auf diese Vorstellung zugeschnitten, so daß die seltsame Wendung entstand »vor einer einzigen derselben floh er zurück«, statt »vor der geringsten Andeutung« des Feierlichen. Allein außer dieser Gedankenentgleisung durch Eintreten des Symbols für den Begriff erfolgte noch eine merkwürdige Störung der Wortfindung. Von der Allongeperücke stellte sich nur die halb begriffliche, halb klangliche Nebenassoziation »Locken« ein, und an sie knüpfte sich weiterhin die Vorstellung der »Sardellen«, hervorgerufen durch die strähnenartige Haartracht der besprochenen Person, wie sie nach einem bekannten Scherzworte als »Sardellenbrot« bezeichnet zu werden pflegt. Auch diesem Wortfehler liegen somit schwer zu ent-wirrende Vorstellungsverknüpfungen zugrunde; die symbolische Vor-stellung der Haartracht erweckte zwei verschiedene Assoziationen, der Locken und des »Sardellenbrötchens«, die sich dann zu der Neubildung verbanden.

Bei den »wilden Apfelgalerien« des Beispiels 244 ist die All-gemeinvorstellung des Unkultivierten, nicht durch Kunst und Pflege Verfeinerten durch den Sonderbegriff des »wilden Apfels« ersetzt, ähnlich wie im vorigen Falle die Idee des Feierlichen durch das Symbol der Perücke. Der gleichen Wendung des Gedankens vom

Allgemeinen auf das Besondere begegnen wir in der Beobachtung 245, in der das sonderbare Beiwort »punschhaltig« anscheinend etwa den Sinn von »berauschend« oder »berückend« haben soll. Die Entgleisung »Individuum« für »Landschaft« dürfte durch jenes Beiwort angeregt worden sein. Unklar ist die Entstehung des »Zentralkreuzers« im Beispiele 246 geblieben. Wahrscheinlich handelt es sich hier um Nebenassoziationen, die einmal von dem »großen Bären« in der Richtung der »Zentralsonne«, sodann in derjenigen des südlichen »Kreuzes« angeregt wurden und zu der Verschmelzungsneubildung geführt haben; der Sonderbegriff der »Zentralsonne« wäre demnach hier an die Stelle der allgemeinen Vorstellung »Mittelpunkt« oder, wie die Wendung »spielt« andeutet, der »Hauptrolle« getreten. Im Beispiele 247 ist die erwartete »Zahnklinik« durch die Vorstellung des »Notariats« ersetzt, wohl nicht einfach als Wortfindungsfehler, sondern durch die Nebenassoziation des »Zünftigen, ordnungsmäßig Verbrieften« angeregt.

Das letzte Beispiel endlich gibt denselben Gedanken einmal in ursprünglicher und dann in bildlicher Ausdrucksweise. Von dem, was der Verstand tut, braucht das Herz nichts zu wissen; es soll, wie ein Haus von Unrat, davon rein gehalten werden. Wahrscheinlich ist übrigens der eigentlich vorschwebende Gedanke hier umgedreht worden: Der Verstand soll nichts von dem wissen, was das Herz tut. Der Ausspruch wurde vermeintlich aus einem Theaterstücke »Mokobene« entnommen; die Entstehung dieses Namens ist unklar.

Der gemeinsame Zug in allen diesen Beobachtungen ist die Verschiebung des zugrunde liegenden Gedankens durch Eintreten einer Nebenassoziation für ein wesentliches Glied der Vorstellungskette. Auch hier kommt es demnach zu einer Paralogie, zum Zwiespalte zwischen dem vorschwebenden Gedankeninhalt und dem Sinne der Rede. Allein dieses Auseinanderweichen wird nicht durch sprachliche Verschiebungen, sondern durch das Verschwimmen der Vorstellungen in verwandte Vorstellungskreise bewirkt. Nicht die ursprünglich gegebene, sondern eine andere, durch sie wachgerufene, aber parallele Gedankenreihe findet den Anschluß an die Umsetzung in Redeform. Sehr beachtenswert erscheint es, daß in fast allen unseren Beispielen die zur Verschiebung des Gedankens führende

Nebenvorstellung deutlich eine engere, inhaltreichere war, welche die allgemeinere, schattenhaftere Vorstellung verdrängte. Wir dürfen daher die hier besprochene Störung vielleicht als »metaphorische Paralogie« der früher betrachteten »Verschiebungs- und Entgleisungsparalogie« gegenüberstellen. Mehrfach trug die Paralogie geradezu den Stempel der bildlichen Ausdrucksweise, wie bei dem Eintreten der »Pilze« für das körperliche, der »Engel« für das geistige Wesen des Menschen, bei den »wilden Apfelgalerien« und der »punschhaltigen« Landschaft. Schwerlich haben wir es dabei mit einem Zufalle zu tun, sondern es handelt sich höchstwahrscheinlich um ein allgemeines Zurücktreten der abgeblaßten Allgemeinvorstellungen hinter denjenigen mit lebhafterer sinnlicher Färbung und greifbarerem Erinnerungsinhalt.

Eine sehr einleuchtende Bestätigung findet diese Anschauung durch die Betrachtung einer weiteren Gruppe von Beispielen, in denen die bildliche Paralogie noch folgerichtiger durchgeführt wurde.

249. »Doch da setzte sie die Füße links« für »sie tat es ungern«.

250. »Wenn er nicht einen ordentlichen geistigen Hosenboden besitzt« für »gründliche Kenntnisse und Fleiß«.

251. »Den geistigen Hemdkragen ablegen« für »sich gehen lassen, ausruhen«, daneben »in einer Pension wohnen«.

252. »Er kündigt an, daß er das Lausfaß des Lebens verlassen habe«, witzige Todesanzeige.

Diese Wendungen könnten als scherzhafte Bilder allenfalls auch im Wachen gebraucht werden; die letzte trug diesen Stempel auch für den Träumenden. Für die farblose abgezogene Vorstellung ist ein stellvertretendes sinnliches Bild eingetreten, das den Gedankeninhalt in durchsichtiger Umschreibung wiedergibt. Im Beispiel 251 hat der vorschwebende Gedanke zwei ganz verschiedene bildliche Wendungen angeregt, von denen allerdings nur die eine sprachliche Form gewann. Bei diesen Leistungen ist daher eine eigentliche Störung des Denkens oder der Rede gar nicht vorhanden, sondern die Wendungen tragen das schillernde Gepräge des Witzigen; das Auseinanderweichen von Gedanken und Ausdruck ist so geringfügig, daß der wahre Sinn mühelos erkannt wird, während die sinnliche Lebendigkeit der bildlichen Umschreibung ihr eher eine gewisse Würze verleiht.

Indessen derartige Beispiele sind im Traume selten gegenüber der großen Zahl unbeholfener und unverständlicher Gedankenverschiebungen. Ich führe noch einige Beobachtungen auf, in denen der Sinn der Paralogie durch die Entlegenheit der assoziativen Anknüpfungen gänzlich verdunkelt ist.

253. »Dieser Zeitabschnitt wird ungerecht als graues Hochgericht bezeichnet« für »Diese Hochebene wird fälschlich als unfruchtbar und unwirtlich angesehen«.

254. »Es ist eine riesige Luftkraft, Schwung, nicht Brustkraft«, Schilderung eines Skioptikons.

255. »Der Gingobi kann das G nicht vorpflücken« für »Der Giaur (Fremde) kann seinen Vorteil nicht wahrnehmen«.

256. »Orakelsprache in 13 Worten« für »kulissenartig aufgebaute Landschaft«.

257. »Ich werfe ihnen Erwinsche Schlacken nach«, Andeutung einer früheren Entdeckung Amerikas.

Im ersten Beispiele tritt zunächst für das räumliche Gebiet der Hochebene die begrifflich verwandte Vorstellung des »Zeitabschnittes« ein. Die Begleitvorstellung des Unwirtlichen weckte sodann das sinnliche Bild des grauen, wallenden Nebels, der in unbestimmten Umrissen Spukgestalten erkennen läßt. Dadurch wurde endlich unter dem Einflusse des Anklanges »Hoch« aus der »Hochebene« die Assoziation des »Hochgerichtes« angeregt, des Galgens, der aus dem grauen Nebel hervortaucht und den Eindruck des Schaurigen, Unbehaglichen versinnbildlicht. Das nächste Beispiel will offenbar sagen, daß es sich bei den Leistungen des Skioptikons nicht um Reden, sondern um bildliche Darstellungen handle, daß nicht die »Brustkraft«, sondern eine Kraft, die sich auf andere Weise durch die Luft fortpflanzt, dabei wirksam ist. Allerdings ist die Wiedergabe dieses Gedankens sehr mangelhaft geblieben, wenn sich auch das Streben nach sinnlicher Färbung des Ausdrucks nicht verkennen läßt. Die seltsame Neubildung »Gingobi« ist einerseits ein Anklang an »Giaur«, dem etwa der Sinn entspricht; andererseits aber spielt hier die durch die Vorstellung des Fremden und Fremdartigen angeregte Assoziation des japanischen »Gingkobaumes« hinein, die der Neubildung die Form gegeben und wohl auch noch den Ausdruck »vorpflücken« beeinflußt hat. Dieser letztere dürfte somit eine Verschiebung der Vorstellung »seinen Vorteil wahrnehmen« im Sinne der Nebenassoziation des Baumes bedeuten. Das »G« ist wohl als Nachklang von »Gingobi« aufzufassen, gestattet sonst keine weitere

Deutung. Auch hier ist die Bevorzugung der sinnlichen Darstellungsweise nicht zu verkennen. Die Entstehung der beiden folgenden Paralogien ist dunkel. Daß die 13 aneinandergereihten Worte den einzelnen, sich hintereinander aufbauenden Landschaftskulissen entsprechen sollen, ist freilich klar, aber das Bindeglied zwischen der Orakelsprache und der Landschaft, die übrigens eine ganz bestimmte Gegend darstellte, hat sich nicht auffinden lassen. Noch dunkler ist die letzte Wendung geblieben, bei der dem Träumenden nur die Vorstellung vorschwebte, daß sie sich auf eine Entdeckung Amerikas vor Kolumbus beziehe. Beide Bilder sind übrigens, wie die meisten bisher besprochenen, in sich folgerichtig durchgeführt; die Orakelsprache besteht in Worten, die Schlacken werden nachgeworfen.

In einzelnen Fällen wurde die Anknüpfung der metaphorischen Paralogie an äußere Eindrücke beobachtet.

258. »Vom Rindenhäuschen aus geweckt«. Der Träumende hörte Anklopfen an einer entfernteren Türe.

259. »Ein monarchischer Gnadenstoß«. Der Träumende hörte das Einschütten von Kohlen in einen Kohleneimer.

Das Anklopfen wurde hier als Wecken aufgefaßt, doch bemerkte der Träumende zugleich, daß es nicht, wie sonst, an der Schlafzimmertüre geschah, sondern in einiger Entfernung; letztere Vorstellung regte dann diejenige des Rindenhäuschens an, eines bekannten, aber abgelegenen Aussichtspunktes. Das Geräusch der kollernden Kohlen erzeugte die Vorstellung irgendeines plötzlichen, erschreckenden Ereignisses, die dann die berichtete Form annahm. Ob hier noch Nachwirkungen voraufgehender Träume mitgespielt haben, ist unklar geblieben. In diese Gruppe würde man auch das Beispiel 234 aus den zusammenhangslosen Reden rechnen können, in dem der Harndrang die Vorstellung eines »Wasserhauses« erzeugte, das vorn gebaut werden sollte. Die unklar vorschwebende Vorstellung hat nicht die beabsichtigte, sondern eine durch Nebenassoziation bestimmte Ausprägung gefunden.

Die den metaphorischen Paralogien zugrunde liegende Denkstörung kommt anscheinend dadurch zustande, daß der Gedanke des Träumenden zugleich eine oder mehrere verwandte Vorstellungsreihen anregt, die jenen ersteren in den Hintergrund drängen. Auch im

Wachen bilden wir unausgesetzt Nebenassoziationen, aber sie bleiben schwach und dunkel gegenüber derjenigen Vorstellung, die in der Richtung unseres Gedankenganges liegt, also durch die herrschenden Zielvorstellungen in den Blickpunkt unseres Bewußtseins gerückt wird. Nur dann, wenn solche Zielvorstellungen fehlen oder ihre Macht verlieren, wie beim wachen Dahinträumen und in der Ermüdung, können die Nebenassoziationen den Gedankengang verschieben, ablenken, unterbrechen. Allerdings geschieht das wohl in der Regel erst nach dem Verblassen der Ausgangsvorstellung. Im wirklichen Traume dagegen kann anscheinend die ursprünglich vorschwebende Vorstellung schon im Entstehen durch Nebenassoziationen derart gehemmt werden, daß sie gar nicht zu voller Klarheit und jedenfalls nicht zu sprachlicher Ausprägung gelangt. Vielfach dürfte der Grund für diese Verdrängung, wie wir andeuteten, in dem Umstande zu suchen sein, daß im Traume, anders als im Wachen, die abgeblaßten Allgemeinvorstellungen gegenüber den sinnlich gefärbten Bewußtseinsvorgängen an Kraft zurückstehen.

Indessen, der Kampf der nebeneinander im Bewußtsein auftauchenden Vorstellungen muß nicht immer mit dem völligen Unterliegen der einen enden. In einer Reihe von Fällen erkennt man, daß es zu einer Mischung verschiedener Vorstellungsreihen kommt. Einzelne Bestandteile der einen verbinden sich mit solchen der andern, während zugleich Teile beider verdrängt werden. Auf diese Weise entsteht eine merkwürdige Zusammenwürfelung unvereinbarer Vorstellungen, die doch im Grunde einen bestimmten Gedanken ausdrücken soll.

260. »Eine kleine Wurzel aus den Akten« für »Ein Zettel für das Museum«.

261. »Die wahren inneren Papageien«, religiös-politischer Verein.

262. »Das Reinigen des Schlafzimmers war deswegen besonders schwierig und dauerte länger, weil auf dem Korrekturbogen mitten in der Zeile abgebrochen werden mußte«.

263. »Auf keinen Fall lasse man die frischen Nisse der gemeinsamen Mundrhagaden außer acht«.

264. »Frau A. will erzählen, welche Mandeln der Entartung in den Hypoglossuskern des Lebens gestreut sind«.

265. »Gefesselt an Armen und Beinen lassen sich alle Kranken dem Nachtstuhlgesetz einordnen« für »mit Hilfe von Zählkarten lassen sich alle Kranken vollständig gruppieren«.

266. »Geben Sie ihm doch ein Rohr, um die Zeit von $1/_2 9$—9 Uhr zu

beschreiben« für »um das Hinterhorn des Rückenmarks, die Substantia gelatinosa, zu studieren«.

267. »G. meinte: Das Gewitter eines schweren Mannes ist in der Klinik vollständig zu sehen« für »Im Gewitter machen sich die Bewegungen jedes Insassen eines Kahnes deutlich bemerkbar«.

268. »Daß gewünscht wird, dieser Esel soll gegessen und nicht verträumen« für »Der Tee soll getrunken und nicht kalt werden«.

269. »Die Nervensitze sitzen in letzter Zeit nicht mehr in den Blumenblättern, sondern in den Reden«, unklare Vorstellungen über Pflanzenseele und das dem Menschen eigene Unterscheidungsmerkmal der Sprache.

Von der vorschwebenden Vorstellung »Zettel« ist in dem ersten Beispiele nur die Beziehung zu den »Akten« übriggeblieben, aus denen er genommen werden sollte. Dagegen hat dieses Ausgraben aus den Akten die Nebenassoziation der »Wurzel« angeregt, die sich nun mit derjenigen der Akten verbindet. Die »Papageien« sind anscheinend als komischer Name einer Vereinigung gedacht; daneben erhebt sich aber die Vorstellung höherer sittlicher Ziele, wahren innerlichen Lebens, die zu der absonderlichen Mischbezeichnung der »wahren inneren Papageien« führt. In den folgenden Beispielen ist die Verquickung zweier Gedankenreihen besonders deutlich. Das Reinigen des Schlafzimmers wird als unangenehme Arbeit mit dem Lesen von Korrekturen in Verbindung gebracht, die frischen Eier der Kopfläuse, wohl unter dem Gesichtspunkte der Verwahrlosung, mit den syphilitischen Mundrhagaden. Die Unannehmlichkeiten des Lebens gleichen für den Träumenden den Entartungsvorgängen im Nervensystem, insbesondere im Hypoglossuskern; die Vorstellung dieses letzteren erinnert an den Mandelkern und damit an den Kuchen, in den Mandeln eingestreut sind. Die knappe Form, in der die Auszüge aus den Krankengeschichten auf den Zählkarten erscheinen, wird der »Fesselung an Armen und Beinen« verglichen, und die Einordnung dieses Stoffes in bestimmte Gruppen regt die merkwürdige, nur teilweise verständliche Vorstellung des »Nachtstuhlgesetzes« an, wohl mittels der Nebenassoziation der »Fesselung« auf dem Zwangsstuhl.

Das »Rohr« des Beispiels 266 ist eine Verschiebung für »Mikroskop«; die nicht mit bestimmter Beschäftigung ausgefüllte Zeit vor 9 Uhr erinnert an den wenig differenzierten Bau der Substantia gelatinosa. Die Beobachtung 267 zeigt uns einerseits eine akataphasische Wendung in der verfehlten Abhängigkeitsbeziehung

»Das Gewitter eines schweren Mannes« statt »Im Gewitter machen sich die Bewegungen eines schweren Mannes«. Sodann sind die beiden Gedanken, daß in der Klinik etwas zu sehen, und daß im Kahn etwas zu spüren ist, miteinander in der Weise verschmolzen, daß von dem letzteren nur der »schwere Mann« erhalten geblieben ist, dessen Bewegungen bemerkbar sind. Die beiden Vorstellungsreihen des Beispiels 268 lassen sich etwa dahin fassen, daß der Esel nicht verträumen und daß der Tee getrunken werden soll, beide abgeleitet aus dem Gedanken, daß nicht nachlässiger-, eselhafterweise das rechtzeitige Trinken des Tees versäumt werden darf. Für das »Trinken« schiebt sich die Nebenassoziation des Essens ein, der einzige Rest der zweiten, dem Träumenden vorschwebenden Vorstellungsreihe, der sich nun in akataphasischer Weise mit der sprachlichen Prägung der ersten vermischt. Die Einzelheiten des letzten Beispiels lassen sich leider nicht deuten, da sie dem Träumenden nach dem Erwachen nicht mehr klar genug waren. Es handelte sich im allgemeinen um die Unterscheidungsmerkmale zwischen Pflanze und Tier wie zwischen Tier und Mensch; die Pflanzen haben keine Nerven und das Tier keine Sprache, zwei Vorstellungsreihen, die unentwirrbar durcheinanderlaufen. Da hier überall einzelne Glieder der Gedankenketten unterdrückt werden, haben wir es neben der Gedankenmischung immer auch mit Ellipsen zu tun, doch ist der Vorgang hier verwickelter, als bei den früher besprochenen Formen der letztgenannten Störung.

Besonders ausgeprägt erscheint die elliptische Zusammenziehung mehrerer gleichzeitiger Gedankenreihen zu einem Vorstellungsmischmasch in den folgenden Beispielen:

270. »Daran saßen die alten Katzenhaie Honig« für »Dicke Raupen, wie Haifischeier, saßen an den Blumen und sogen Honig«.

271. »Bei der zu diesem Zweck berufenen Ra-denge« für »Versammlung, die über bulgarische Kronprätendenten nach Maßgabe der von ihnen auf dem Rade zurückgelegten Kilometer zu entscheiden hat«.

272. »Nicht rein, erfreut sich ungebundener Freiheit, aber putzt die Pferde gut«, bezieht sich gleichzeitig auf Schweizerhonig und epileptische Dienstboten.

Das Bild, das dem Träumenden im ersten Beispiele vorschwebte, waren dicke Raupen, die an Blumen saßen und Honig sogen, eine Nebenvorstellung, die von den Schmetterlingen her auf die Raupen übertragen wurde; zugleich war die sprachliche Fassung des Saugens unterdrückt worden. Aber auch die Vorstellung »Raupen« kam nicht zur Ausprägung, sondern wurde durch die Nebenassoziation der wie Raupen an den Meerespflanzen sitzenden Haifischeier, besonders derjenigen des Katzenhaies, verdrängt; dabei trat der »Katzenhai« selbst an die Stelle des Eies, das Beiwort »alt« an die Stelle des begrifflich verwandten »dick«. Einer ähnlichen Verbindung von Ellipsen, Nebenassoziationen und Vorstellungsmischung verdankt der Ausdruck »Ra-denge« seine Entstehung, der vom Träumenden deutlich in der angegebenen Silbenteilung aufgefaßt wurde, obgleich die Vorstellung des Rades unzweifelhaft seine Entstehung bewirkt hat. Einerseits schwebte nämlich dem Träumenden die Vorstellung der Radspur in einem Engpasse vor. Sodann aber wurde das Wort »Radenge« zur neu gebildeten Bezeichnung für eine Versammlung, die über die Kronprätendenten für Bulgarien zu entscheiden hat. Vermutlich ist der unwillkürliche Wunsch, beide Bedeutungen auseinanderzuhalten, für den Träumenden der Anstoß zu der abweichenden Silbentrennung gewesen; es kann auch die begriffliche Nebenassoziation »Stor-thing« dabei Einfluß gehabt haben. Dennoch drängte sich die ursprüngliche Bedeutung des Wortes in dem weiteren, allerdings sonst nicht zum sprachlichen Ausdruck gelangten Gedanken hervor, daß derjenige Fürst werde, der die meisten Kilometer auf dem Rade bis zur bulgarischen Grenze zurückgelegt habe; hierbei spielte noch die Erinnerung an die nur bis zur Grenze gültigen badischen Kilometerhefte mit hinein. Der eine Bewerber hatte, wie beim Erwachen noch festgestellt werden konnte, 1027, der andere 967 Kilometer zurückgelegt.

Beim letzten Beispiele schwebte dem Träumenden zunächst die Vorstellung des nicht ganz Echten und Brauchbaren vor, die einerseits die Assoziation des Schweizer Honigs, andererseits diejenige der epileptischen Dienstboten erzeugte. Auf den ersteren bezieht sich die Wendung »nicht rein«, ferner »erfreut sich ungebundener Freiheit«, eine metaphorische Paralogie für »macht Durchfall«. Hier haben wir eine Beobachtung, in der die Paralogie nicht vom Allgemeinen zum Besonderen übergeht, wie gewöhnlich, sondern eher umgekehrt, wenn man die Vorstellung des »Ungebundenen«, Ungehemmten in diese Beziehung zu derjenigen des »Durchfalls« setzen darf. Dafür wurde aber auch diese Wendung vom Träumenden als

eine besonders feine empfunden und war von dem Gefühle des Ungewöhnlichen, Gesuchten begleitet. Der letzte Satzteil »putzt die
Pferde gut« bezieht sich auf die peinliche Sorgfalt, mit der Epileptiker
ihren Dienst zu verrichten pflegen; diese Äußerung wurde daher auch
als eine der Veröffentlichung würdige, erfreuliche Bestätigung der
bisherigen wissenschaftlichen Erfahrung aufgefaßt. Sehr bemerkenswert ist die hier wie bei den übrigen Beispielen bestimmt hervortretende Beobachtung, daß dem Träumenden die Zwiespältigkeit der
Gedankenreihen durchaus nicht zum Bewußtsein kam. Vielmehr war
er überzeugt, vollkommen einheitlich zu denken.

Zum Schlusse sei es gestattet, noch zwei Beobachtungen mitzu-
teilen, in denen zwei verschiedene Gedankenreihen nicht miteinander
vermischt, sondern durch Vermittlung von Wortklängen verknüpft
und zugleich in witzigen Gegensatz gebracht wurden. Die Äußerungen erhalten dadurch das Gepräge des künstlich Erdachten, wie
es mindestens in dem zweiten Falle vom Träumenden auch deutlich
empfunden wurde.

273. »Der Kaiser von China ist als Mandarin souverän; als Mandrin würde
er gehorchen müssen«.

274. »Für mich ist die Leidenschaft ein Spiel und das Spiel eine Leidenschaft geworden — bringen Sie uns eine Skatkarte«, Äußerung eines bekannten
Bühnenschriftstellers, der zusammen mit zwei Berufsgenossen im Café saß.

Beide Äußerungen könnten auch im Wachen getan worden sein.
Sie enthalten keine Sprachstörung und keine eigentliche Denkstörung,
sondern sie tragen das schillernde Gepräge des Witzes. Wir dürfen
aber kaum daran zweifeln, daß hier der Wortanklang im ersten, die
Wortvertauschung im zweiten Falle zunächst nicht einer besonderen
witzigen Absicht, sondern mehr zufälligen Assoziationen ihre Entstehung verdanken. Nachträglich allerdings wurden die Gegensätze
weiter entwickelt, dort durch die Zusammenstellung der Machtvoll-
kommenheit des Mandarinen mit der passiven Rolle des von fremder
Hand geführten Mandrins, hier durch die Beziehung auf den Bühnen-
schriftsteller einerseits, auf die Skatkarte andererseits. Allerdings
dürften die meisten Wortwitze und Klangwitze des wachen Lebens
nicht viel anders zustande kommen.

V. Verwandte Vorgänge.

So zuverlässig auch das zarte und vielseitige Werkzeug der Seele arbeitet, das wir Sprache nennen, so kann es doch nicht fehlen, daß beim gesunden und namentlich beim kranken Menschen unter Umständen Störungen in seiner Handhabung auftreten, welche wiederum geeignet sind, nach dieser oder jener Richtung hin ein Licht auf die Eigentümlichkeiten der Traumsprache zu werfen. Wenn es hier auch nicht unsere Aufgabe sein darf, jene Erscheinungen, die für die Kenntnis der Beziehungen zwischen Hirntätigkeit und Seelenleben außerordentliche Bedeutung erlangt haben, irgend eingehender zu behandeln, so wollen wir es uns doch nicht versagen, wenigstens mit kurzen Worten die Berührungspunkte anzudeuten, die zwischen der Traumsprache und den übrigen Abweichungen im Gebrauche der sprachlichen Ausdrucksmittel zu bestehen scheinen. Freilich gilt es dabei nicht sowohl neue Aufschlüsse zu gewinnen, als vielmehr auf die Wege hinzuweisen, die einmal zu solchen führen können.

Zunächst werden wir daran denken müssen, daß die Sprache nicht eine angeborene Fähigkeit ist, sondern verhältnismäßig langsam und spät erworben werden muß. Auf den einzelnen Stufen, welche die Sprachentwicklung des Kindes[1] durchläuft, begegnen wir Unvollkommenheiten und Fehlern verschiedener Art, deren Beziehungen zur Traumsprache der Untersuchung wert erscheinen. Die erste große Hauptgruppe der kindlichen Sprachstörungen, die mangelhafte Prägung der Einzellaute in ihrer Folge, fehlt allerdings der Traumsprache, weil sie eben ausschließlich der äußeren Sprache angehört. Indessen die Schwierigkeiten der Lautprägung geben beim Kinde in weitestem Umfange Anlaß zu »Paralalien«, zu Abänderungen der Worte im Sinne von Vor- und Nachklängen, von Auslassungen, Zusätzen und Vertauschungen. So ist »Nampfnopf« statt »Tanzknopf« (Kreisel) ein doppelter Vorklang mit Auslassung des schwierigen »k«, »Ea« statt „Wera“ eine doppelte Auslassung, »Leva« statt »Eva« ein Zusatz, »schwissen« statt »zwischen« eine Vertauschung. Derartige Störungen entstehen beim Kinde ungemein häufig, weil

---

1) Preyer, Die Seele des Kindes, 1882, S. 234; Wundt, Völkerpsychologie I, 2. Auflage, 1904, S. 271 ff.; Meumann in Wundt, Philosophische Studien, XX, S. 152; Gutzmann, Archiv f. d. ges. Psychologie, I, S. 67 (Literatur).

noch kein Bestand an richtig eingeübten Worten vorhanden ist, und die sich vorbereiténden sprachlichen Bewegungsantriebe einander leicht gegenseitig beeinflussen, während schwierigere Laute verdrängt werden oder einfach ausfallen. Ganz ähnliche Erfahrungen machen wir als Erwachsene beim Erlernen irgendeiner andern zusammenhängenden Reihe verwickelterer Bewegungen. In der Traumsprache fehlen hierher gehörige Beispiele nicht ganz, aber sie spielen doch eine äußerst bescheidene Rolle. Wirkliche Schwierigkeiten der Lautprägung, wie sie beim Kinde im Vordergrund stehen, dürften hier überhaupt nicht in Betracht kommen; vielmehr wäre wohl an die Beeinflussung durch andere, mehr oder weniger klar vorschwebende Worte zu denken, so daß wir es nicht mit Paralalien, sondern mit Paraphasien zu tun hätten, wie auch in unserer früheren Darstellung angenommen wurde.

Die Gruppe der Wortfindungsfehler im engeren Sinne und namentlich auch der Neubildungen ist beim Kinde wie im Traume vertreten, aber dort in weit geringerem Umfange und auch in andern Formen als hier. In großer Zahl stellen sich Wortfindungsfehler natürlich ein, solange der Wortschatz der Sprache vom Kinde noch unvollkommen beherrscht wird, und auch späterhin geben die Fremdwörter beim Kinde wie beim Ungebildeten dazu reichlichen Anlaß. Hier sind unverkennbare Ähnlichkeiten mit dem Verhalten der Traumsprache vorhanden. Wir sahen, daß auch der Träumende gerade bei Fremdwörtern besonders leicht Wortfindungsfehler begeht, die häufig genug durch klangliche oder begriffliche Verwandtschaft angeregt werden. Wenn ein Kind von einer »Partizipbahn« statt von der »Pacificbahn« spricht, so könnte dasselbe im Traume vorkommen; der Unterschied liegt jedoch darin, daß für das Kind die richtige Bezeichnung überhaupt nur ganz unklare Umrisse besitzt, während sie dem Träumenden an sich geläufig, aber zeitweise entrückt ist.

Eine besondere, in unseren Traumbeispielen vollständig fehlende Gruppe von Wortfindungsfehlern kommt beim Kinde durch sprachliche Analogieschlüsse zustande. Die Bildung der Mehrheit, der Geschlechtszeichen, die Beugung, Abwandlung, Steigerung wird ja nicht für jedes Wort besonders erlernt, sondern auf Grund erworbener allgemeiner Sprachgewohnheiten, die einen Teil des »Sprachgefühls« bilden, von einem Beispiele auf das andere übertragen. Bei der verwickelten Eigenart der fertigen Sprache ist hier für den Lernenden die Möglichkeit zu zahlreichen Entgleisungen gegeben, die dem Erwachsenen »auch im Traum nicht einfallen«, da er sein Werkzeug in dieser Beziehung völlig sicher beherrscht. Wortfindungsfehler wie das von Wundt erwähnte »Amaus« statt »Ameise«, beeinflußt durch »Maus-Mäuse«, oder »Du bint« statt »Du bist«, wohl beeinflußt durch »sie sind«, scheinen daher im Traume nicht vorzukommen, während sie in der unfertigen kindlichen Sprache verhältnismäßig häufig sind.

Da der Wortschatz des Kindes zunächst ein sehr beschränkter ist, werden häufig Wortfindungsfehler derart zustande kommen müssen, daß ein vorhandener Ausdruck auf Grund irgendeiner, unter Umständen sehr nebensächlichen Ähnlichkeit auf eine andere, sonst ganz verschieden benannte Vorstellung übertragen wird. So rief ein kleines Mädchen beim ersten Anblicke von Goldfischen aus: »Ach, die netten Enten!« Im Traume beobachten wir solche Wortvertauschungen aus naheliegenden Gründen nur sehr selten und fast ausschließlich bei ungewöhnlichen oder fremdsprachigen Bezeichnungen. Dagegen treten hier in ausgedehntem Umfange sprachliche Neubildungen auf, die beim Kinde hinter den falschen Übertragungen und den Verstümmelungen weit zurückstehen. Freilich fehlen sie ihm nicht ganz, namentlich in der ersten Zeit der Sprachentwicklung. Ein kleines Mädchen nannte ihre ältere Schwester Toni bis zu ihrem dritten Lebensjahre stets »Olte«, sooft man ihr auch den richtigen Namen vorsprechen mochte. Wundt hat darauf hingewiesen, daß es sich in solchen Fällen wohl meist um stark verstümmelte Reste von Bezeichnungen handelt, die aus kindlichen Mißverständnissen hervorgegangen sind. Im Traume sahen wir Neubildungen vielfach dann zustande kommen, wenn für verwickeltere, bis dahin nicht einfach benannte Vorstellungen Bezeichnungen gefunden werden sollten, also unter Bedingungen, wie sie beim Kinde mit unentwickeltem Sprachschatze vorliegen. Durchaus nicht selten läßt sich dabei auch im Traume der Einfluß entfernter sprachlicher Anklänge erkennen, aber die Zahl, Mannigfaltigkeit und Selbständigkeit dieser Schöpfungen ist verhältnismäßig weit größer als beim Kinde, wohl deswegen, weil die fortgeschrittene Ausbildung des Sprachschatzes eine größere Bewegungsfreiheit auf diesem Gebiete gestattet. Namentlich die fremdsprachigen, mehr äußerlich angelernten, der Vorstellungsentwicklung erst nachträglich aufgepfropften Bestandteile gehen am leichtesten in solche Neubildungen ein, ähnlich wie wir im täglichen Leben Wortschöpfungen für neue Vorstellungen mit einer gewissen Vorliebe aus der gleichen Quelle zu entnehmen pflegen.

Einen erheblichen Umfang besitzen beim Kinde die Störungen der Rede, da natürlich nicht nur die Umsetzung der Vorstellungen in Worte, sondern auch die Fassung der Gedanken in die Form der Rede mühsam erlernt werden muß. Soviel ich indessen sehen kann, scheinen die akataphasischen Fehler hinter den agrammatischen gänzlich zurückzutreten. Die bisweilen bei Kindern beobachteten rhythmischen Selbstgespräche in Form von klingenden Silben und Wortreihen, wie sie auch in den Kinderreimen eine so große Rolle spielen, lassen sich vielleicht dem Wortgeklingel des Traumes an die Seite stellen. Andererseits gibt die Unbehilflichkeit in der Beherrschung der Wortformen und der grammatischen Abhängigkeitsverhältnisse der kindlichen Sprache geradezu ihr eigenartiges Gepräge. Ein hübsches Beispiel syntaktischer Umstellung bietet die Äußerung eines Mädchens zu ihrem vom Haarschneiden kommenden Vater: »Papa, bist du Haar von sauber?«, wohl statt »sauber von Haaren«. Wenn man will, kann man übrigens in der Wendung, die offenbar nach einem passenden Ausdrucke sucht, eine Verschiebungsparalogie sehen, insofern das Kind an die Stelle des nächstliegenden, gebräuchlichen einen entlegenen, selbstgeschaffenen Ausdruck setzte.

Die gewöhnliche Form der unentwickelten kindlichen Redeweise ähnelt auf den ersten Blick dem beim Träumenden beobachteten Telegrammstil[1]). »Semmel mag mehr nit«, »Du bös sein; ich schon aufgessen«, »Noch laft hast?«, »Du gleich nein Wagen« sind dafür kennzeichnende Beispiele, allerdings noch von paralalischen Störungen (»laft« statt »geschlafen«, »aufgessen«, »nein« statt »hinein«) begleitet. Bei genauerer Betrachtung stellt sich indessen heraus, daß doch wohl ein wesentlicher Unterschied zwischen beiden Störungen zu beachten ist. Beim Kinde handelt es sich um eine Unbeholfenheit in der Ausdrucksform, während der vorschwebende Gedankengang klar und in der Regel auch deutlich erkennbar ist. Im Traume

---

1) Liebmann, Vorlesungen über Sprachstörungen, 1906, Heft 6, S. 13.

dagegen scheint der Telegrammstil immer nur dann aufzutreten, wenn auch der Gedankengang selbst unklar und verworren ist. Wir haben daher auch früher seine Verwandtschaft mit den Ellipsen betont und können ferner die Häufigkeit sinnloser Neubildungen in unseren Beispielen als weitere Eigentümlichkeit anführen, durch welche sie sich von den agrammatischen Wortreihen der Kinder unterscheiden.

Die im Traume so stark vertretene Gruppe der Denkstörungen fehlt der Kindersprache. Möglicherweise würde sich bei ausgedehnter, planmäßiger Sammlung das eine oder andere Beispiel auffinden lassen, aber wohl kaum mehr, als auch im wachen Leben des Erwachsenen festgestellt werden kann. Wir dürfen unter diesen Umständen als die wesentlichen Kennzeichen der Kindersprache im Verhältnis zur Traumsprache folgende betrachten: sehr zahlreiche Abweichungen der äußeren Sprache, ferner in mäßiger Zahl Paraphasien, unter ihnen besonders solche durch falsche sprachliche Analogien, endlich ausgeprägter Agrammatismus, dagegen Seltenheit von Akataphasie und von Denkstörungen.

Es liegt auf der Hand, daß die Störungen der kindlichen Sprache in ganz ähnlicher Weise auch beim Erlernen einer fremden Sprache hervortreten müssen. Die Schwierigkeiten der Aussprache führen zu Unvollkommenheiten bei der Wiedergabe von Buchstaben und Silben; Wortverwechselungen und auch Neubildungen kommen durch sprachliche Anklänge oder begriffliche Beziehungen zustande. Falsche sprachliche Analogien verführen hier wie dort zu Verstümmelungen und Vertauschungen. Der Agrammatismus ist die selbstverständliche Form, mit welcher der Anfänger in einer fremden Sprache beginnt, und diejenigen Sprachen, die ausschließlich dem Verkehrsbedürfnisse zwischen fremdsprachigen Völkern dienen, wie das Küstenmalaiische und das Pidgin-Englisch, vermögen diese Aufgabe gerade wegen ihres völligen Agrammatismus weit besser zu erfüllen, als die Sprachen mit verwickelterem Bau.

In beschränktem Maße finden wir die Störungen der Traumsprache hie und da auch in den Äußerungen des wachen Lebens wieder. Wortfindungsstörungen begegnen uns, ganz wie im Traume, am häufigsten bei Eigennamen und bei Fremdwörtern, um so leichter, je weniger diese dem Sprechenden geläufig sind. Der falsche Gebrauch von Fremdwörtern auf Grund von Anklängen oder begrifflichen Anknüpfungen ist ja eine so alltägliche Erscheinung, daß sie im weitesten Umfange witzige Verwertung gefunden hat. Hierher gehört auch die Volksetymologie, die unverständliche Fremdwörter durch Abänderung dem Verständnis näher zu bringen sucht. Aber auch einzelne, einander ähnelnde Wörter der Muttersprache werden trotz verschiedener Bedeutung doch sehr gern miteinander verwechselt, wie z. B. die beiden Wörter »anscheinend« und »scheinbar«. Viele dieser unabsichtlichen Wortvertauschungen unterscheiden sich von denen des Traumes nur durch den Umstand, daß wir es im einen Falle mit Unkenntnis, im andern mit vorübergehender Unfähigkeit zu tun haben. Auch Neubildungen können natürlich vorkommen, doch ist ihre Anlehnung an vorschwebende Worte wohl meistens eine engere als im Traume, in dem viel größere Willkür herrscht. Was aber dem wachen Leben ganz fehlt, das sind die sinnlosen Wortneuschöpfungen für bisher nicht benannte Vorstellungen, wie sie uns der Traum bietet. Wenn wir im Wachen neue Bezeichnungen bilden, so knüpfen wir sie fast ausnahmslos nicht nur an vorhandene Worte der eigenen oder einer fremden Sprache an, sondern wir lassen uns dabei auch vollkommen von den inneren, begrifflichen Beziehungen der Vorstellungen zueinander leiten. Nur die künstlichen Geheimsprachen der Entwicklungsjahre gefallen sich bisweilen in ebenso willkürlichen und sinnlosen Neubildungen wie die Sprache des Traumes, allerdings wieder nicht für unbenannte, verwickeltere Vorstellungen, sondern zum Ersatze gebräuchlicher, allgemein verständlicher Wörter.

Die übrigen Sprachstörungen des Traumes sind dem wachen Leben ebenfalls nicht völlig fremd, wenn sie auch nur selten so absonderliche Formen annehmen. In der Regel wird sich dabei wohl nachweisen lassen, daß der Sprechende durch besondere Umstände in der Beherrschung des sprachlichen Ausdruckes gestört war. Ängstliche Verlegenheit, Ablenkung durch Nebenvorstellungen und Ermüdung sind die wichtigsten Entstehungsursachen der Redestörungen. Beim Wortgeklingel und beim Telegrammstil kann auch eine gewisse psychomotorische Erregung mit hineinspielen, die sich dort in rhythmischer Gliederung der Rede mit bedeutungslosen Flickworten und Einschiebseln entladet, hier zu plötzlicher, abgerissener Äußerung drängt, ohne sich erst mit der Zurichtung und Gliederung der einzelnen Satzteile aufzuhalten. Unter den gleichen Bedingungen können auch Denkstörungen zustande kommen, die ganz denen des Traumes ähneln. Verlust des Zusammenhanges, metaphorische Paralogien und Vorstellungsmischungen kommen gelegentlich bei allen Rednern vor. Aus den Berichten der Parlamente, namentlich aber aus den Vorlesungen der »zerstreuten«, d. h. vielfach mit andern Gedanken beschäftigten Gelehrten pflegen von Zeit zu Zeit solche »Rede- und Kathederblüten« gesammelt zu werden. Die bekannte komische Figur des »Wippchen« verdankt ihre Wirkung zum großen Teile der von ihr planmäßig betriebenen Vorstellungsmischung, der teilweisen Verschmelzung unvereinbarer bildlicher Redensarten.

Eine reiche Fundgrube von Zerstreutheiten bieten, wie schon Wundt betont hat, die Aussprüche des Professors Galletti[1]). Unter denselben finden sich einmal einfache Sprechfehler und Verwechselungen, sodann zahlreiche Widersprüche, Irrtümer und Gedankenlosigkeiten, über deren Zustandekommen sich jetzt keine Klarheit mehr gewinnen läßt. Öfters spielen dabei sinnstörende Auslassungen, Zusätze und Entgleisungen eine Rolle. Was uns hier aber besonders berührt, sind die sehr häufigen traumartigen Denkfehler, vorzugsweise von der Form der metaphorischen Paralogie und der Vorstellungsmischung. Ich greife einige Beispiele heraus:

»Im Jahre 1800 bestieg Bonaparte das Konsulat.«

»Maximilian I. hatte die Hoffnung, den Thron auf seinem Haupte zu sehen.«

»Die Schlacht bei Leipzig kostete 15 Dörfern in der Umgegend das Leben, ungerechnet den Viehstand.«

»Man merkte wohl, daß die Lage von Schweden sich bald würde ergeben müssen.«

»In Hamburg wächst der Schnee häufig.«

»Die Aleutischen Inseln wohnen in Erdhütten.«

»Die Hauptstadt Philadelphia ist 1712 gestorben.«

»Die größten vierfüßigen Tiere in Ostindien sind die eßbaren Vogelnester.«

»Der Weinbau ist eine der herrlichsten Rheingegenden.«

»Ich bin so müde, daß ein Bein das andere nicht sieht.«

In den letzten Beispielen haben außer der Vorstellungsmischung wohl auch Auslassungen stattgefunden. Über die Merkwürdigkeiten Ostindiens, die großen Vierfüßer und die eßbaren Schwalbennester,

---

1) Gallettiana, 2. Auflage, 1876.

sollte irgend etwas ausgesagt werden, was bei der Verschmelzung verloren gegangen ist. Ebenso dürfen wir vermuten, daß eine besondere Kennzeichnung des Weinbaues wie der Naturschönheiten der Rheingegenden beabsichtigt war, aber unterdrückt wurde. Die Vorstellung der Müdigkeit regte den Wunsch an, zu schlafen, daß ein Auge das andere nicht sieht, doch wurde dieser verdrängt durch die Nebenvorstellung des ruhebedürftigen Beines. Akataphasische und agrammatische Wendungen sind bei Galletti selten. Folgende beiden wären wohl dahin zu rechnen.

»In Rußland hat man Fenster von getränktem Öl.«

»Der Unterschied zwischen dem alten und neuen Persien besteht hauptsächlich in der Unkenntnis der Sprache.«

Das erste Beispiel erinnert etwa an die »Behandlung freiwilliger Kohlen« (203), ist also eine syntaktische Entgleisung für »mit Öl getränkte Fenster« von Papier, während das letztere dem früher berichteten Satze ähnelt: »In Freiburg dient die Innenseite der Teller nicht für das Essen, sondern für den Ort« (166). Offenbar soll gesagt werden, daß wir das Altpersisch im Gegensatz zum Neupersisch nicht kennen. Dieser Unterschied ist aber von der Sprache her auf das alte und neue Persien übertragen; wir haben es mit einer Verschiebungsparalogie zu tun. Von den Störungen, die wir im Traume kennen gelernt haben, finden wir somit bei dem zerstreuten Professor vor allem die eigentlichen Denkstörungen wieder, während die Fehler der sprachlichen Gedankenprägung und ebenso auch diejenigen der Wortfindung fast ganz im Hintergrunde bleiben.

Wir kommen somit zu dem Schlusse, daß die Sprachstörungen des Traumes sich zwar dem Grade nach sehr erheblich, der Art nach jedoch weit weniger von denjenigen des wachen Lebens unterscheiden. Nur die willkürliche Neubildung von Bezeichnungen für verwickeltere Vorstellungen findet sich im Wachen gar nicht. Es wäre eine lohnende, freilich weit aus dem Rahmen dieser Untersuchung fallende Aufgabe, die verschiedenen Gestaltungen wie die Entstehungsbedingungen der Sprachfehler des gesunden wachen Lebens genauer zu verfolgen.

Auf einem beschränkten Gebiete ist eine solche Erforschung bereits mit großer Sorgfalt durchgeführt worden, auf demjenigen des

Versprechens und Verlesens. Meringer und Mayer[1]) haben gezeigt, daß beim Versprechen, das hier für uns allein in Betracht
kommt, vor allem die Vertauschungen, die Vorklänge und die Nach-
klänge von Silben, Worten oder Lauten eine bedeutende Rolle
spielen. In der Traumsprache sind wir diesen Störungen auch öfters
begegnet, aber sie treten ganz zurück hinter den Neubildungen, den
Störungen der Rede und denen des Denkens, offenbar deswegen,
weil sich in der inneren Sprache die Wortklangbilder wie die Sprachbewegungsvorstellungen weit weniger gegenseitig beeinflussen, als in
der äußeren. Weitere Formen des Versprechens sind die Verschmelzungen und Substitutionen. Den ersteren könnten wir aus
unseren Traumerfahrungen etwa die Entgleisungsparalogien und die
Vorstellungsmischungen an die Seite stellen, während den Substitutionen die metaphorische Paralogie näher verwandt ist. In der Regel
sind jedoch die beim Versprechen gewonnenen Beispiele weit einfacher und durchsichtiger, als diejenigen des Traumes; sie betreffen
mehr einzelne Laute, Silben oder Worte, nicht ganze Wendungen
und Gedanken. So begegneten mir vor kurzem die beiden Aussprüche »Ich muß mich danach noch erfahren« und »Was habe
ich mich anschinden müssen!« Im ersteren Falle handelt es sich
um die Verschmelzung der beiden Sätze: »Ich muß mich danach
noch erkundigen« und »Ich muß das noch erfahren«. Auch hier
hat die Entgleisung durch die Nebenvorstellung nur eine gering-
fügige, sofort verständliche Abänderung der Wendung gebracht. Im
letzteren Beispiele sind die beiden Ausdrücke »abschinden« und »an-
strengen« zu einem Mischworte miteinander verschmolzen. Mehr an
die Traumsprache erinnert schon der weitere, von einer andern
Person stammende Ausspruch: »Es wird eben noch jünger hier« für
»früher hell im Winter«. Hier hat anscheinend die Nebenvorstellung
des jungen Tages, der früher heraufzieht, die Entgleisung veranlaßt,
die schon eine völlige Wandlung des Gedankens bedeutet. Ebenfalls
den Sprachstörungen des Traumes, und zwar den metaphorischen
Paralogien, sehr ähnlich ist die Äußerung: »Der Magen liegt südlich
vom Herzen«. Hier ist an die Stelle des Ausdrucks: »unterhalb des
Herzens« die vom Globus her übertragene Bezeichnung »südlich«

---

1) Meringer und Mayer, Versprechen und Verlesen. 1895.

getreten. Allerdings kann man hier wohl kaum noch von einem »Versprechen« reden; es handelt sich vielmehr um ein »Verdenken« im Sinne der obenerwähnten Kathederblüten.

Ein gewisses Licht auf die paraphasischen Abänderungen der Eigennamen im Traume können die Vorgänge beim Besinnen werfen. Wenn uns ein Name nicht einfallen will, pflegen wir doch eine allgemeine Vorstellung von seinem Klange zu haben, die allerdings öfters trügerisch ist. Ich gebe hierfür einige gelegentlich gesammelte Beispiele. Der letzte, gesperrt gedruckte Name ist der gesuchte; die übrigen tauchten vorher auf, wurden aber verworfen. Dazwischen finden sich Bemerkungen des Nachgrübelnden.

Martinitz-Marcinowsky-Marcinck.

Stahl-Stadler.

Strelocky-Strasitzki-Strasky-Strasinoff-Stratzikoff-Stratzinoff-Stre-es muß ein o kommen-Strekinsky-Stratzino-Strasimir-Stresomir-Stratzinski.

Wahner-Marquardt.

Kollasch-Matschke-Kutschke-Kallasch-Strollasch-Scholke-Scholle-Schally-Schalle-Schollasch-Schalke-Schallasch-Scholtke-Schollak-Scholok-Scholla-Scholler-mir ist, als ob ein Buchstabe doppelt ausgesprochen wird; es ist ein Wort wie im Englischen-s kommt nicht drin vor-e kann drin vorkommen-Schom oder Schmo-Schmollam-t ist es nicht-r könnte es sein-Schmorlar-o, p, q, r. s, t, u, v. w-x, y, z-alles nichts-z jedenfalls nicht; es ist ausdrucksvoller-e allenfalls-Schomber-Schro ist nichts-Schlo könnte kommen-ler als Endung, unbetont-Schmorler oder Schomler-r kommt doch auch wohl drin vor-Schlomar-Schlomann-an »mann« habe ich nie gedacht.

Einsilbiges Wort-Pfnüer-Pfeil-Pfand-Pfeile-Wanst-a-Ma-Pfenda-Wansta-Pfandum-Bachum-Barcha-Borsta-Beiche-b, a-Kohnstamm.

In den ersten Beispielen bewegt sich die Suche immer in der Nähe des wirklichen Namens. Das dritte Beispiel zeigt uns das plötzliche Auftauchen des gesuchten Namens nach anfänglich ziemlich entferntem Fehlgreifen; das Gefühl, »es müsse ein o kommen«, erweist sich als falsch. Im fünften Falle gestaltete sich das Suchen äußerst langwierig. Bei den zahlreichen tastenden Versuchen findet sich meist das richtige Sch und das l, häufig auch das o, ohne daß die zutreffende Folge aufgefunden und der Rest ergänzt wird. Von den einzelnen Buchstaben, die vermutet werden, e, r, ist keiner richtig. Dagegen ist der englische Anklang, der durch die Erinnerung an die »Slomanlinie« bedingt wird, richtig geahnt, obgleich jene Anknüpfung selbst nicht klar wurde; sie hat auch wohl die Vorstellung einer unbetonten Endung erweckt. Im letzten Beispiele ist ganz merkwürdig die völlige Unähnlichkeit der zuerst auftauchenden, wieder untereinander ganz verschiedenen Worte und dann das plötzliche, fast unvermittelte Überspringen auf den richtigen Namen; nur »Borsta« könnte etwa die Anknüpfung gegeben haben. Auch hier ist es deutlich, daß die Vorahnungen — einsilbiges Wort — b, a — nichts weniger als zuverlässige Führer sind.

Dieses Verfehlen des gesuchten Wortes ist offenbar den paraphasischen Störungen sehr ähnlich; es tritt nur bei Eigennamen schon im Bereiche des gesunden Seelenlebens hervor, weil eben bei ihnen die Verknüpfung des sprachlichen Symbols mit der gegenständlichen Vorstellung eine besonders lockere ist. Wir begreifen daher auch, wie im Traume nicht nur Verstümmelungen und Verdrehungen der richtigen Namen leicht zustande kommen können, sondern wie auch ganz fern liegende Namen und selbst völlige Neubildungen für die richtige Bezeichnung eintreten. Das geschieht natürlich besonders leicht, wenn es sich, wie in vielen Traumbeispielen, um die Benennung von Gebilden der Einbildungskraft handelt, wenn also wirkliche Namen gar nicht vorhanden waren. In der Selbstverständlichkeit, mit der solchen Schöpfungen die neuerfundenen Namen beigelegt werden, liegt die besondere Eigentümlichkeit des Traumes; das Auftauchen stark veränderter oder auch ganz willkürlich gestalteter Namen selbst begegnet uns beim einfachen Besinnen in ganz gleicher Weise. Allerdings wissen wir es hier, daß dieselben nicht richtig sind, während wir sie im Traume gerade so urteilslos hinnehmen wie alle andern Widersprüche mit unserer sonstigen Erfahrung.

Einen interessanten experimentellen Beitrag zur Kenntnis der Sprachstörungen hat Stransky[1]) geliefert, indem er eine Anzahl Versuchspersonen veranlaßte, unter möglichster Entspannung der Aufmerksamkeit auf ein zugerufenes Stichwort hin alles auszusprechen, was ihnen gerade auf die Zunge kam. Diese Reden wurden phonographisch aufgezeichnet. Während die Äußerungen der weniger gebildeten Personen mehr auf die Wiedergabe wirklicher oder erdichteter kleiner Erlebnisse hinausliefen, freilich meist in recht

---

1) Stransky, Über Sprachverwirrtheit, 1905.

zusammenhangsloser, an Ideenflucht erinnernder Weise, boten die Reden der gebildeteren Versuchspersonen ein sehr merkwürdiges Gepräge dar, vielleicht deswegen, weil ihnen die Entspannung der Aufmerksamkeit vollkommener gelang, als jenen. Vor allem fiel in ihnen eine außerordentliche Neigung zu Wiederholungen derselben Worte und Wendungen auf, die Stransky der Verbigeration der Katatoniker an die Seite stellt. Sodann zeigte sich neben richtig gebauten Sätzen vielfach ein ausgeprägter Agrammatismus; namentlich die einfache Aneinanderreihung von Worten und Wendungen in mannigfacher Wiederholung und Abwandlung war sehr häufig. Dennoch kam es nicht zu einem eigentlichen Telegrammstil. Bei diesem letzteren haben wir es mit einer fortschreitenden, wenn auch ganz zusammenhangslosen Folge einzelner Vorstellungen zu tun, die sich in knappster Fassung ohne grammatische Gliederung aneinanderschließen. In den Stranskyschen Versuchen begegnen wir dagegen zwischen völlig regelrecht ausgebauten Sätzen endlosen, vielfach sich wiederholenden Aufzählungen, deren einzelne Glieder einander nebengeordnet sind, aber nicht, wie beim Telegrammstil, verschiedenartige Satzteile ohne grammatische Verbindung darstellen. Bisweilen finden sich ferner, wie Stransky bemerkt, grammatisch richtig gebaute Sätze ohne Sinn, ähnlich denen, die auch im Traume vorkommen.

Eine große Rolle spielen die Verschmelzungen verschiedener Worte und Wendungen. Sie halten sich allerdings zumeist im Rahmen derjenigen, die auch beim Versprechen vorkommen, doch fehlen Entgleisungsparalogien und elliptische Wendungen keineswegs. Gar nicht selten endlich werden sprachliche Neubildungen vorgebracht, die gewöhnlich aus Verstümmelungen oder aus Verschmelzungen abzuleiten sind. Hübsche Beispiele sind dafür: »Primordialrat Leuban« und »Kläffergewand«. Im ersten Falle schwebte die Erinnerung an einen Fachgenossen vor, der sich mit Primordialdelirien beschäftigt hat; der »Rat« haftete noch von einem vorhergehenden »Provinzialrat«. Ferner war »Lauban« und »Leubus« zu »Leuban« verschmolzen. Das »Kläffergewand« stellt eine Verschmelzung mit der durch den »Kläffer« angeregten Nebenvorstellung »Wolf im Schafspelz« dar. Diese Neubildungen erinnern völlig an einzelne Beispiele aus dem Traume, so an die »Lockensardellen« (243). Dagegen scheinen ganz willkürliche, sinnlose Neuschöpfungen nicht vorgekommen zu sein.

Gedankenlose Flickwörter, wie sie auch im Traume hie und da auftreten, konnte Stransky öfters nachweisen.

Es ist gewiß sehr merkwürdig, daß bei möglichster Entspannung der Aufmerksamkeit eine Anzahl von Störungen des sprachlichen Ausdrucks auftreten, die wir im Traume wiederfinden. Nicht minder wichtig aber ist es, daß die Zusammensetzung und Ausprägung dieser Störungen sich doch keineswegs mit denen des Traumes deckt. Offenbar sind die im Versuche und im Traume herrschenden Bedingungen trotz mancher Ähnlichkeiten doch wesentlich voneinander verschieden. Ein Hauptunterschied ist sicher darin zu suchen, daß es sich im einen Falle um innere, im andern um äußere Sprache handelt. Stransky weist mit Recht darauf hin, daß bei dem rein mechanischen Sprechen, wie es in seinen Versuchen angestrebt wurde, die Wortbewegungsvorstellungen einen sehr wesentlichen Anteil an dem Ergebnis gewinnen mußten. Man kann darauf wohl zum großen Teile die außerordentliche Neigung zu Wiederholungen und klanglichen Abwandlungen der vorgebrachten Worte beziehen. Wie beim sinnlosen Lallen des Kindes die gleichen Laute immer und immer wiederzukehren pflegen, so scheint auch beim gedankenlosen Sprechen, da eben nicht neue Vorstellungen nach Ausdruck ringen, die Wiederkehr gleicher oder ähnlicher Worte die nächstliegende Form der Betätigung zu sein. Allerdings möchte ich glauben, daß noch ein weiterer Umstand bei den geschilderten Versuchen eine Rolle gespielt hat. Die meisten Personen scheinen recht schnell gesprochen zu haben; das deutet auf eine gewisse Hast bei der Erledigung ihrer Aufgabe hin. Wenn man in den Phonographen hineinspricht, so wird man, wie ich aus meiner Erfahrung entnehmen möchte, leicht von dem unwillkürlichen Drang ergriffen, die kurze, zur Verfügung stehende Zeit nach Möglichkeit auszunutzen und ohne Pausen weiter zu sprechen. Zugleich stellt sich, offenbar unter dem Einflusse der Erwartung, eine gewisse Gedankenhemmung ein. Ohne Zweifel werden sich diese Erscheinungen bei Gewöhnung an die Versuche allmählich verlieren. Vielleicht haben sie aber doch den einen oder andern Versuch noch dahin beeinflußt, daß durch das Versagen der Gedanken bei dem lebhaften Wunsche, zu sprechen, die Neigung zu Wiederholungen und Flickwörtern besonders verstärkt wurde.

Unter den krankhaften Störungen der Sprache sind es vor allem die aphasischen Erscheinungen, die sich der Traumsprache vergleichen lassen. In gewissem Sinne kann man den Träumenden als sensorisch und motorisch aphasisch zugleich betrachten. Er ist nicht völlig taub, denn Gehörsreize von einer gewissen Stärke wirken auf ihn, aber er vermag sie nicht in ihrer Eigenart zu erkennen. Sehr deutlich läßt sich diese Störung in ihren verschiedenen Abstufungen während des Erwachens verfolgen. Wenn wir durch Worte geweckt werden, so nehmen wir zunächst nur wahr, daß überhaupt etwas laut ist, ohne daß wir imstande wären, uns über den Inhalt des Gehörten Rechenschaft zu geben. Wir beachten daher auch unter Umständen die Eindrücke eine Zeitlang gar nicht, obgleich wir sie hören. Dieser Zustand dürfte ungefähr demjenigen entsprechen, den wir bei der subkortikalen sensorischen Aphasie vor uns haben; er grenzt hier wie dort an die völlige Taubheit. Bei fortschreitendem Erwachen wird uns dann allmählich klar, daß jemand spricht, daß wir Worte hören, aber wir verstehen zunächst deren Sinn noch nicht. Dabei erkennen wir vielleicht schon die Stimme des Sprechenden, haben eine Vorstellung davon, in welcher Sprache und mit welcher Gefühlsbetonung gesprochen wird, obgleich wir den Inhalt des Gesprochenen durchaus nicht auffassen. Hier kann es vorkommen, daß wir mechanisch und verständnislos die an unser Ohr schlagenden Worte wiederholen. Noch später verstehen wir wohl einzelne Worte, vermögen aber noch nicht den gesamten Zusammenhang zu begreifen, bis endlich mit völligem Erwachen das klare Sprachverständnis wiederhergestellt ist. Diese verschiedenen Abstufungen, wie sie Pick[1]) schon vor Jahren beim Erwachen der Epileptiker aus Zuständen von Bewußtseinstrübung verfolgt hat, entsprechen dem Verhalten bei kortikaler und namentlich bei transkortikaler sensorischer Aphasie. Eine genauere Scheidung im einzelnen läßt sich hier natürlich nicht durchführen, da wir den Träumenden keinen Prüfungen unterwerfen können; zudem scheinen die einzelnen Stufen ganz unmerklich ineinander überzugehen.

---

1) Archiv für Psychiatrie, XXII, S. 771; Beiträge zur Pathologie und pathologischen Anatomie des Zentralnervensystems, 1898, S. 15 ff. Vgl. auch Bleuler, Neurologisches Centralblatt, 1892, S. 562.

Die Ähnlichkeit zwischen Traumzustand und sensorischer Aphasie zeigt sich aber nicht nur in der Verständnislosigkeit gegenüber äußeren Eindrücken, sondern auch in dem Verhalten der inneren Sprache. Die sensorische Aphasie ist ausgezeichnet durch das Auftreten paraphasischer Störungen, die vom Sprechenden nicht bemerkt und daher auch nicht berichtigt werden. Gerade diese Eigentümlichkeit bietet aber die Traumsprache in ausgeprägtester Weise dar. Wir haben wiederholt darauf hingewiesen, daß der Träumende in der Regel vollkommen überzeugt ist, seine Gedanken richtig und verständlich auszudrücken, auch wenn er die sinnlosesten Silbenzusammenstellungen vorbringt. Ganz ebenso scheint es sich bei der sensorischen Aphasie zu verhalten; dazwischen können sich jedoch hier wie dort durchaus richtig gebaute Äußerungen einschieben. Die Richtung, in der sich die paraphasischen Fehlgriffe bewegen, wird vielfach durch Klangähnlichkeit oder Gleichheit des Anfangsbuchstaben bestimmt; oft handelt es sich um Verstümmelungen und Verdrehungen der richtigen Worte, um Neubildungen, deren Klangbeziehungen sich noch erkennen lassen. Dasselbe beobachten wir im Traume, doch spielen hier, im Gegensatze zur Paraphasie, auch die begrifflichen Anknüpfungen eine erhebliche Rolle. Ferner begegnen uns hier in ausgedehnterem Maße völlig willkürliche Erfindungen, während wieder bei der Paraphasie das Haften stärker hervortritt, als im Traume, wo wir es doch nur in vereinzelten Beispielen nachweisen konnten.

Akataphasische Störungen sind bei der Paraphasie anscheinend selten, doch führt die Schwierigkeit der Wortfindung bisweilen zu eigentümlich gesuchten Ausdrücken, die den Verschiebungsparalogien zuzurechnen wären. So nannte ein Kranker den Papierkorb einen »ströhernen Kasten«, ein Vogelnest »Eier mit Geschirr«; ein anderer fragte nach der Besuchsstunde mit den Worten: »Ist heute Zukunft?« Offenbar hatte ihm »herkommen, zusammenkommen« vorgeschwebt; die wirkliche Bedeutung des Wortes Zukunft tauchte ihm erst auf Vorhalt allmählich wieder auf. Auch Entgleisungsparalogien dürften vorkommen, namentlich unter dem Einflusse des Haftens. Dagegen scheinen die Bedingungen für die Entstehung von elliptischen Wendungen und reinem Wortgeklingel nicht gegeben zu sein, wenn man zu letzterem nicht das Einschieben stets wiederkehrender

Flickworte und Flickwendungen rechnen will. Sehr merkwürdig ist das gelegentliche Auftreten von Agrammatismus, besonders beim allmählichen Ausgleiche der schwereren Störungen, eine Erfahrung, auf die Pick[1]) nachdrücklich hingewiesen hat.

Von den Denkstörungen haben wir bei der Paraphasie das Einschieben von Worten und Wendungen ohne Sinn zu erwähnen, die meist als haftende Flickbestandteile der Rede anzusehen sind, ferner eine gewisse Zusammenhangslosigkeit. Ob metaphorische Paralogien und Vorstellungsmischungen häufiger vorkommen, ist mir zweifelhaft. Allenfalls könnte man im Sinne der ersteren die Erfahrung deuten, daß die Kranken öfters ähnliche Aufgaben, wie das Aufsagen der Buchstaben und der Zahlenreihe, miteinander verwechseln. Beispiele verwickelterer Art, wie sie uns im Traume so häufig und so ausgeprägt begegnen, scheinen jedoch kaum vorzukommen. Allerdings ist das Urteil darüber durch die vielen Wortfindungsfehler sehr erschwert. Wenn ein Kranker auf die Aufforderung, eine Kußhand zu werfen, antwortet: »Ziegenböcke kann man nicht mehr zu Monumenten heranziehen«, so läßt sich nicht entscheiden, ob hier eine paraphasische oder eine Denkstörung zugrunde liegt, weil wir nicht wissen, was der Kranke ausdrücken wollte.

Leider scheint bisher eine eindringendere Zergliederung der von sensorisch Aphasischen begangenen Fehler in größerem Maßstabe nicht stattgefunden zu haben, und es muß daher offen gelassen werden, ob die hier aus einer spärlichen Zahl von Beobachtungen abgeleiteten Regeln nicht noch mancher Erweiterung bedürfen. Dennoch dürfte es im allgemeinen zutreffen, daß die paraphasischen Wortfindungsfehler, wenn wir von der Einmischung haftender Worte absehen, weit mehr durch Klangähnlichkeit, als durch begriffliche Anknüpfungen beeinflußt werden, daß ferner die Neubildungen mehr Verstümmlungen und Verdrehungen, als freie Erfindungen darstellen, und endlich die eigentlichen Denkfehler hinter denjenigen der Wortfindung und der Rede weit zurücktreten. In diesen Punkten liegen die wesentlichsten Unterschiede gegenüber den Störungen der Traumsprache. Gemeinsam ist beiden die Erfahrung, daß Wortfindungsfehler sich am leichtesten bei Eigennamen und bei ungewöhnlichen

---

1) A. a. O. (»Beiträge«), S. 123 ff.

Wörtern, namentlich Fremdwörtern, einstellen, ferner das Auftreten des Agrammatismus.

Wenn man von einer motorischen Aphasie im Traume reden will, so kann es sich jedenfalls nur um eine subkortikale Form handeln. Der Träumende findet nicht die geringste subjektive Schwierigkeit, seine Gedanken in Worte zu fassen; er spricht vollkommen geläufig. Allerdings, wenn im lebhaften Traume seine Äußerungen einmal das Gebiet der inneren Sprache überschreiten und laut werden, so sind es bald wirkliche, meist in Interjektionsform hervorgestoßene Worte, bald aber auch nur unartikulierte Laute, die zum Vorschein kommen. Auf psychomotorischem Gebiete bestehen also Behinderungen, welche nicht die Ausbildung von Sprachbewegungsvorstellungen, wohl aber deren Umsetzung in Laute erschweren oder unmöglich machen.

Für die paraphasischen Erscheinungen, die das Lesen bei Störung der Lesefähigkeit darbietet, dürften im allgemeinen die gleichen Sätze gelten wie für diejenigen des Sprechens. Auch hier begegnen uns Abänderungen der Textworte oder Neubildungen, die oft nur noch durch einzelne Buchstaben oder durch ihre Gliederung die Anlehnung an das Urbild verraten und sich mit zunehmender Schwierigkeit des Lesestückes häufen. Durch diese Wortverbildungen pflegt in weit höherem Grade, als beim einfachen Sprechen, das grammatische Gefüge zerstört zu werden, so daß es unter Umständen zu einer sinnlosen Aneinanderreihung willkürlicher Silbenfolgen mit einzelnen noch halbwegs erkennbaren Bruchstücken kommt. Die von Rieger[1]) und seinen Schülern bei Paralytikern gesammelten Beispiele erinnern an einzelne unserer Beobachtungen von Traumagrammatismus, unterscheiden sich aber doch wieder von ihnen deutlich, einmal durch ihre Anlehnung an den vorgelegten Text, sodann durch die Häufung ganz unsinniger Neubildungen. Auf der andern Seite können Paralytiker mit Paralexie beim Lesen ein gewisses Schwelgen in inhaltlosen, von Neubildungen durchsetzten Redewendungen darbieten, wie es uns ähnlich auch im Traume begegnet; die Kranken lesen in diesem Tone scheinbar noch weiter, wenn

---

1) Rieger, Sitzungsberichte der physikalisch-medizinischen Gesellschaft in Würzburg, 13. XII. 1884; Rabbas, Allgem. Zeitschr. f. Psychiatrie, XLI, S. 345.

der Lesestoff bereits erschöpft ist. Sie haben dabei, ganz wie der Träumende, das Gefühl, ihre Sache besonders gut zu machen. Die durch die Vorlage gegebene Anregung dauert noch eine Weile fort und fördert paraphasische Reden von der Form des inhaltlosen Agrammatismus hervor, auch bei solchen Kranken, die sich sonst vollkommen verständlich auszudrücken vermögen.

Ganz ähnliche paraphasische Leseergebnisse wie einzelne Paralytiker pflegen die Alkoholdeliranten zu liefern. Bonhöffer[1]) hat dafür sehr kennzeichnende Beispiele mitgeteilt. Oft genug bietet hier die Vorlage nur den äußeren Anstoß zu dem anscheinend halluzinatorischen Ablesen zusammenhangsloser, von zahlreichen willkürlichen Neubildungen durchsetzter Worte und Wendungen. Das wird außer Zweifel gesetzt durch die Beobachtung Reichhardts[2]), daß die Kranken auch von einem weißen Blatt Papier dieselben Äußerungen ablesen. Ich führe einige Beispiele an:

»Hoch lebe Severstag da ich gleich das bekommt setumlitten stehen können wir auch ihre«

»Loden—8—7 Uhr 11—unberechtigt—Laboratorium—Volksfest—Einöde— Eras—Haus—Harburg—Radau—Stiche—kanopisch—freit und—Frau—11 Uhr 19—Bodega—nicht den Buchstaben—Spiegel—Alter—heut« (legt das Blatt weg mit den Worten: »Jetzt ist's am End'«).

»86—13—31. 8. 02—12—22—25—50—6/7—Whisky«   (Von demselben Kranken.)

»München — Mühl — Maß — Maximilian II. von München — Wittelsbach — Maximilian II., König von Bayern, angefangen im Jahr 67 mit der Residenz Hauptstadt München. — Die kleinen Völker da, Vögerl — die männlichen Ansichten über die Straße der Vorstellung, in der böhmischen Weise und wieder in der Straße von der königlichen Haupt- und Residenzstadt München. An die kleine, an die Vögerl bedienstete Franziska Schöllner von hier hat die Hure für ihre Frauen reichlichst Gevierungen an der Blume angesehen; in der Straße von Ingolstadt über eine Hofamme das bayrische zweite Feld-Artillerieregiment das königliche Hofpersonal an den Straßen. In der kgl. Haupt- und Residenzstadt Wien hat der kgl. geborene 1894 ja die 1. 2. 4. Feldartillerie in Gold 15579 Mark an die Feldkirche an eine andere Persönlichkeit der Feldartillerie und Artilleristen an die reichlichst geborenen Feldartillerieregiment in der Feldherrnhalle von Magdalenen Stimmen. Einander an den Verstand an den Ehestand. Der verstorbene Nikolaus mit den angesehenen Herren vom 4. Feldartillerieregiment an den Feldherrn verloren .. '«

---

1) Die akuten Geisteskrankheiten der Gewohnheitstrinker, 1901, S. 23.
2) Neurologisches Centralblatt, 1905, S. 551.

In diesen Äußerungen fällt vor allem die gänzliche Inhaltlosigkeit auf. Offenbar entspricht ihnen durchaus kein Gedankengang, sondern es handelt sich um rein sprachliche Erfindungen, die von dem Einflusse des Vorstellungsverlaufes so gut wie vollständig losgelöst sind. Wissen wir ja auch, daß dieselben Deliranten unmittelbar vorher und nachher leidlich zusammenhängend erzählen können und in ihren Reden nicht eine Spur dieser gedankenleeren Zusammenhangslosigkeit darbieten. Sehr bezeichnend dafür, daß diese Wortfolgen nicht der Ausdruck von Gedanken sind, ist die häufige Einmischung von Zahlen; ein Beispiel besteht fast nur aus solchen. Die Kranken lasen langsam, bruchstückweise, indem sie sich anscheinend anstrengten, die nach ihrer Angabe sehr undeutlichen Buchstaben zu erkennen; daraus erklärt sich wohl der meist vorherrschende Telegrammstil, das Sprechen in Stichworten. Willkürliche Neubildungen finden sich nur vereinzelt, dagegen sehr zahlreich agrammatische Störungen, insbesondere syntaktische Entgleisungen, die sehr an unsere Traumbeispiele erinnern. In der letzten Beobachtung ist sehr auffallend das Haften einzelner Ausdrücke, München, kgl. Haupt- und Residenzstadt, Feldartillerieregiment mit den Ablegern Feldkirche, Feldherr, Feldherrnhalle u. a. Wir werden vielleicht daran denken können, daß hier, wo das scheinbare Lesen geläufiger und in Satzform vor sich ging, bei dem rein mechanischen Ablaufe des Vorganges die Neigung zur Wiederkehr der gleichen Wörter stärker hervortreten mußte, als bei den abgerissenen, durch längere Pausen voneinander getrennten Bruchstücken.

Es kann wohl keinem Zweifel unterliegen, daß die Kranken ihre Äußerungen wirklich von dem leeren Blatte ablesen, genau so, wie sie auf Anregung bei geschlossenen Augen die mannigfaltigsten Gesichtserscheinungen haben, unter denen sich auch Buchstaben und Worte befinden können. Wir dürfen hier daran erinnern, daß es auch dem Gesunden gelingen kann, beim Einschlafen mit geschlossenen Augen Schriftzeichen vor sich auftauchen zu sehen, die sich entziffern lassen und ganz ähnliche, inhaltleere, zusammenhangslose Proben liefern, wie wir sie soeben mitteilten. Die Störung im Alkoholdelirium stellt sich somit nur als Steigerung eines Vorganges dar, der unter besonders günstigen Bedingungen auch im gesunden Leben zustande kommen kann. Daß ferner auch im Traume die eigenartigen Äußerungen hie und da als Gesichtsbilder erscheinen und abgelesen werden, wurde schon früher erwähnt. Wie wir bei einzelnen unserer Beispiele annehmen zu dürfen glaubten, daß die sprachlichen Bewegungsvorstellungen, losgelöst vom Vorstellungsverlaufe, selbständig im Bewußtsein auftauchen, so scheint auch den Gesichtsbildern die Möglichkeit offen zu stehen, auf innere Reize hin sich hervorzudrängen. Bei den sprachlichen Gehörsvorstellungen geschieht das aus naheliegenden Gründen noch unendlich viel häufiger und sinnfälliger. Vollzieht sich dieses halluzinatorische Hervortreten der verschiedenen Sprachbestandteile wirklich ohne allen Zusammenhang mit dem Gedankengange, so bildet das Ergebnis eine inhaltleere Folge von sinnlosen, gesprochenen, gelesenen oder gehörten Worten oder Lauten. Auch bei den Gehörstäuschungen kann man das gelegentlich deutlich beobachten. Freilich spielen die Wortklangbilder für unser Denken eine so maßgebende Rolle, daß sie nur verhältnismäßig selten sinnliche Selbständigkeit erlangen, ohne mit dem Bewußtseinsinhalte in Beziehung zu bleiben.

Es würde uns bei dieser kurzen Übersicht über die der Traumsprache verwandten Erscheinungen zu weit führen, wenn wir alle bei verschiedenen Formen des Irreseins überhaupt vorkommenden Störungen der Wortfindung und der Rede hier eingehend besprechen wollten. Wir werden es daher an dieser Stelle unterlassen können, die Sprachstörungen der Manie, der Epilepsie und Hysterie, des Altersblödsinns und der Idiotie sowie mancher anderer, seltenerer Krankheitsformen zu behandeln, teils weil sie für die Klärung der uns beschäftigenden Fragen nichts Verwertbares bieten, teils, weil nicht genügende Beobachtungen vorliegen, die es gestatten würden, fruchtbare Vergleiche zu ziehen. Nur so viel sei hier kurz angedeutet, daß uns in der Manie neben Wortverdrehungen durch Anklänge und Reime öfters ein Wortgeklingel begegnet, das ganz an die von uns berichteten Traumbeispiele erinnern kann. Bei Epileptikern treten Sprachstörungen namentlich im Anschluß an Anfälle auf; meist handelt es sich um Wortfindungsstörungen, auch wohl um Agrammatismus, seltener um Neubildungen. Die senilen Erkrankungen pflegen einerseits die Erscheinungen des Haftens, andererseits mehr oder weniger ausgeprägte paraphasische Störungen darzubieten, während wir bei den Idioten ebenfalls häufig sehr deutliches Haften, sodann aber natürlich den der kindlichen Entwicklungsstufe eigentümlichen Agrammatismus beobachten. Auch bei Hysterischen kommt öfters Agrammatismus vor, aber als Nachahmung der kindlichen Sprechweise.

Wenn die Verwandtschaft aller dieser Krankheitszustände mit dem Traume auf dem Gebiete der Sprachstörungen nur eine sehr entfernte ist, so ergeben sich eine Reihe merkwürdiger Ähnlichkeiten hinsichtlich der Dementia praecox. Zunächst ist darauf hinzuweisen, daß die Neigung zu entlegenen, gesuchten Wendungen. wie wir sie bei den Verschiebungsparalogien kennen gelernt haben, eine sehr verbreitete Eigentümlichkeit der Kranken mit Dementia praecox bildet. Wir nehmen gewöhnlich an, daß bei ihnen geradezu ein Trieb bestehe, die nächstliegende, natürliche Ausdrucksweise zu vermeiden und ungewöhnliche, ja selbsterfundene Wendungen an deren Stelle zu setzen, ähnlich, wie wir uns das Zustandekommen der manierierten Bewegungen denken. Aus den Erfahrungen der Traumsprache wissen wir jedoch, daß gesuchte Ausdrücke auch ohne dahin zielende Absicht zutage gefördert werden können, indem aus irgendeinem Grunde die Auffindung der nächstliegenden Wendung erschwert ist; das Gefühl, etwas Ungewöhnliches zu sagen, fehlt dabei vollständig. Es muß dahin gestellt bleiben, ob ähnliche Vorgänge sich auch in der Dementia praecox abspielen können, doch wird man angesichts der mannigfachen Willensstörungen in dieser Krankheit die Möglichkeit immerhin zugeben dürfen. Dabei könnte das Hindernis, das den natürlichen Ablauf des Wortfindungsvorganges stört, etwa der Negativismus sein, indem er die zunächst auftauchenden Vorstellungen und Willensregungen unterdrückt. Die Manieriertheit in Sprache und Handeln wäre dann nicht unmittelbar vom Kranken gewollt, wie es dem Beobachter erscheint, sondern sie wäre ein Ausweg, auf den er unwillkürlich gedrängt wird, sobald durch die allgemeine Störung des Negativismus der nächste Weg für die Betätigung verlegt würde. Wie im Traume, brauchte der Kranke sich in diesem Falle der Absonderlichkeit seiner Reden gar nicht bewußt zu sein. Wenn eine Kranke z. B. sagte, die von ihr empfundenen »Narkosen« seien »etwas heißfühlend« gewesen, so ist das eine ganz ähnliche Verschiebungsparalogie wie unser »aufmerksames Gutachten« (171).

Ob unsere Erklärung, die manche Erscheinungen, namentlich bei den hebephrenischen Formen, unserem Verständnis näher bringen könnte, geeignet ist, auch nur das ganze Gebiet der »Sprechmanieren« zu erhellen, ist wohl zweifelhaft. Namentlich die bei den Kranken häufiger hervortretende Neigung, mit Verkleinerungssilben, mit gleichartigen Verdrehungen, in bestimmter Mundart zu sprechen, deutet darauf hin, daß neben der Behinderung der natürlichen Ausdrucksweise doch auch noch besondere sprachliche Nebenantriebe mit hineinspielen können. Allerdings werden wir wohl diese Form der Manieriertheit von dem einfachen Auftauchen absonderlicher, gesuchter Wendungen zu unterscheiden haben. Beachtenswert ist es übrigens, daß uns auch im Traume hie und da das Sprechen in mundartlich gefärbter Ausdrucksweise, namentlich aber in fremden Sprachen, begegnet ist. Unsere Kranken hören wir nicht ganz selten gerade so ein unsinniges Kauderwelsch mit dem Anspruche vorbringen, es handle sich um eine fremde Sprache. Dürften wir hier nach den Traumerfahrungen urteilen, so brauchten sich die Kranken der Sinnlosigkeit ihrer Reden gar nicht bewußt zu sein.

Bei weitem die überraschendste Ähnlichkeit zwischen Traum und Krankheit liefert uns jedoch die Betrachtung der sprachlichen Neubildungen. Sie sind bekanntlich bei der Dementia praecox recht häufig und erreichen in den Fällen von Sprachverwirrtheit, deren klinische Stellung in der großen Gruppe freilich noch nicht genügend geklärt ist, eine ganz unerhörte Ausdehnung und Mannigfaltigkeit. Greifen wir aus der Krankengeschichte eines solchen, auch von mir schon beobachteten Falles[1] ganz beliebig einige Ausdrücke heraus, Figuranzen, Ruderamente, Quecksilberhering, Lixivialien, pikonieren, Aledartivsolo, Spießglanzbankier, ludotorontin, hongrif, lafekterimente, romblif usf., so springt die völlige Übereinstimmung mit den im Traume gelieferten Neubildungen ohne weiteres in die Augen. Wie dort, sehen wir manche Worte aus sinnvollen Bestandteilen zusammengesetzt (Quecksilberhering, Spießglanzbankier), während andere (ludotorontin, hongrif, lafekterimente, romblif) völlig willkürliche Silbenanhäufungen darstellen. Bei einer dritten Gruppe aber lassen sich noch Anklänge an wirkliche Worte erkennen, freilich in mehr

---

1 Otto, Ein seltener Fall von Verwirrtheit, Diss. München, 1889.

oder weniger stark veränderter Form (Figuranzen, Ruderamente, pikonieren), und endlich begegnen uns Bildungen, die, wie Lixivialien, Aledartivsolo, keinerlei Sinn mehr erraten lassen, immerhin aber noch den Eindruck wirklicher Worte machen. Wir haben früher gesehen, daß sich im Traume mit solchen Neubildungen ganz bestimmte, oft allerdings sehr unklare Vorstellungen verbinden können, daß ferner diese Vorstellungen vielfach verwickelte, nicht einfach benannte sind, endlich, daß die neugeschaffenen Bezeichnungen sehr gewöhnlich ein fremdsprachiges Gepräge trugen.

Auch die Erfindungen der Kranken treten überwiegend in der unverkennbaren Form von Fremdworten auf, wie schon die obige Aufzählung lehrt, die sich leicht ins ungemessene fortsetzen ließe. Wenn wir aus der geradezu verblüffenden äußeren Ähnlichkeit der Wortneubildungen in Traum und Krankheit weitere Schlüsse auf gewisse Übereinstimmungen des inneren Geschehens wagen dürfen, so liegt die Annahme nahe, daß die Kranken mit Sprachverwirrtheit ähnlich sinnvoll und verständlich zu sprechen glauben, wie wir im Traume, eine Vermutung, die übrigens angesichts der ruhigen Sicherheit, mit der sie ihre Reden halten, schon öfters ausgesprochen worden ist. Natürlich soll damit nicht gesagt sein, daß etwa der Gedankengang der Kranken ein völlig klarer und zusammenhängender sei. Vielmehr bestehen sicherlich schwere Störungen, wie ja auch im Traume zwar einzelnen sinnlosen Reden ein bestimmter Inhalt entspricht, nebenbei aber eine Reihe von tiefgreifenden Beeinträchtigungen des Gedankenganges besteht. Nur daran darf man vielleicht denken, daß die absonderlichen Reden der Kranken nicht einfach »Unsinn«, noch viel weniger etwa absichtliche Erzeugnisse übermütiger Laune darstellen, sondern der Ausdruck einer eigentümlichen Wortfindungsstörung sind, die derjenigen des Traumes nahe verwandt sein muß. Möglicherweise könnte durch irgendwelche Krankheitsvorgänge die Auffindung der gewöhnlichen sprachlichen Bezeichnungen unmöglich gemacht oder doch sehr erschwert sein, so daß sich der Kranke dadurch, wie nach unserer früheren Annahme zum Gebrauche ungewöhnlicher Wendungen, so hier zu Wortneubildungen gedrängt sähe. Ganz ähnlich werden wir uns ja doch wohl den Vorgang im Traume und, wie wir hinzufügen können, bei der sensorischen Aphasie vorzustellen haben. Auch die Möglichkeit ist zu erwähnen, daß unsere Kranken unter Umständen nicht nur neue Worte, sondern auch neue Vorstellungen haben. Manche Erfahrungen scheinen die weitverbreitete Meinung zu stützen, daß sich auf dem krankhaften Boden auch krankhafte Bewußtseinsvorgänge abspielen, für die der Kranke nun neue Bezeichnungen erfindet, wie das »Hummerknacken«, »Bombenbersten«, die »Desanimierung«, »Nachtsabhörerei«, die »geistigen Verschleuderungen« usf. Für derartige Bezeichnungen, die bestimmte Formen der Beeinflussung wiedergeben sollen, ist die absichtliche Erfindung ohne weiteres zuzugeben. Dennoch werden wir einen erheblichen Teil der Neubildungen doch wohl als einfache Wortfindungsfehler an Stelle der richtigen, sich nicht einstellenden Benennungen aufzufassen haben, wie es ja auch im Traume zweifellos zutrifft.

Außer den Neubildungen ist der Sprachverwirrtheit und der Traumsprache noch die Häufung eigentümlich sinnloser Wendungen gemeinsam, die wir wohl als akataphasische Störung auffassen dürfen. »Das Hühnchen unbedeutend auslassen«, »ängstlich angedeuteter Mißstand«, »der fragmentarische erste August«, »sich bereiteten erquicken« sind solche Wendungen aus dem Traume. Wir können ihnen von dem obengenannten Kranken gegenüberstellen: »den Bleistift dicker ereignen«, »großjährig abnormer Hengst«, »unglücklicher Erker der Zukunft«, »gequacktes Türkisch-Rot«, »Operativkliniker berücksichtigend geschwollen« usf. Es ist indessen nicht zu verkennen, daß derart verblüffende Wortfolgen bei der Sprachverwirrtheit ganz unvergleichlich häufiger sind, als im Traume. Allerdings bringen auch die Kranken einzelne gut verständliche Sätze vor, namentlich als Antworten auf Fragen, aber sie kommen dann sehr rasch wieder in ihren erstaunlichen Vorstellungsmischmasch hinein, bei dem nur die allgemeine Satzform leidlich gut erhalten zu bleiben pflegt. Dagegen tragen im Traume gewöhnlich nur einzelne Wendungen das Gepräge des völlig Unverständlichen; dazwischen schieben sich regelmäßig Worte, Wendungen und ganze Sätze, die gar keine Störung erkennen lassen. Es muß daher zweifelhaft bleiben, ob sich die Reden Sprachverwirrter in ähnlicher Weise, wie es bei vielen Traumreden gelingt, grundsätzlich dahin würden enträtseln lassen, daß sie einen einigermaßen verständlichen Sinn liefern. Jedenfalls spielen in sie noch Störungen hinein, die im Traume fehlen oder doch weit schwächer wirken. Dahin gehört zunächst das Haften, das wir im Traume nur ganz gelegentlich beobachten, das aber bei der Sprachverwirrtheit regelmäßig stark hervortritt. Sodann scheint die Ablenkbarkeit die Reden der Kranken weit mehr zu beeinflussen, als diejenigen des Traumes. Ihre Wirkung ist das Abspringen von einer Vorstellung zur andern, wie wir ihnen bei den Entgleisungsparalogien begegnet sind. Gerade die fast ununterbrochene Folge immer von neuem überraschender Vorstellungsverbindungen, die man außerstande ist willkürlich nachzuahmen, dürfte bei den Kranken zum guten Teile auf Entgleisungen zurückzuführen sein.

Dazu kommt aber dann noch ein weiterer Umstand. Die Kranken sind gewöhnlich sehr redselig und gefallen sich darin, bei gegebener Gelegenheit ihre mit großer Geläufigkeit ablaufenden Reden vorzutragen. Offenbar haben sie so wenig wie wir im Traume ein Gefühl für die Unsinnigkeit ihrer Äußerungen, halten sie anscheinend sogar für besonders gut gelungen. Wir werden dadurch an das Wortgeklingel erinnert, an das Vorbringen hochtönender, meist rhythmisch gegliederter Wendungen im Traume ohne irgend verständlichen Inhalt; auch dort glaubten wir, sehr schön zu sprechen. Es scheint sich dabei um eine Form der Befriedigung zu handeln, die wesentlich aus dem Flusse der sprachlichen Bewegungsvorstellungen hervorgeht und derjenigen verwandt sein dürfte, die aus anderen Ausdrucksbewegungen, aus dem Singen, Tanzen, der Nachahmung, dem sinnlosen Lallen der Kinder entspringt. Im wachen Leben wird die Freude an klingenden Redensarten durch die Rücksicht auf den Gedankeninhalt in den richtigen Schranken gehalten, wenn wir auch die Schönredner nicht zu selten sich selbst an nichtssagenden, aber klangvollen Wendungen berauschen sehen. Bei den Kranken pflegt sich in der Regel eine bestimmte persönliche Manier ihrer Reden herauszubilden; sie sprechen in einem gewissen Tonfalle, haben Lieblingsausdrücke und Wendungen, die immer wiederkehren, entwickeln ihre meist langatmigen Sätze in annähernd gleicher Weise und geraten gewöhnlich rasch in die Form des rednerischen Vortrages. Die Annahme liegt daher nahe, daß bei den Kranken mit ausgeprägter Sprachverwirrtheit neben den besprochenen Störungen eine gewisse Redefreudigkeit besteht, die sie veranlaßt, gerade darauflos zu reden, was ihnen auf die Zunge kommt, ähnlich wie es bei den sogenannten Bierreden geschieht, die ebenfalls unter dem Einflusse einer psychomotorischen Erregung bei Lähmung der höheren Verstandesleistungen und des Gedankenganges zustande kommen. Da den Kranken, wie wir im Hinblick auf ihre zahlreichen paraphasischen Wortbildungen wohl vermuten dürfen, die Fähigkeit einer sprachgerechten Überwachung und Verbesserung ihres Redestromes mehr oder weniger verloren gegangen ist, schwindet in diesen Entäußerungen eines ungezügelten Sprechdranges vielfach auch die letzte erkennbare Spur des Gedankenganges, den wir nach den Traumerfahrungen doch wohl hinter den sprachverwirrten Äußerungen suchen müssen, wenn auch abspringend, zusammenhangslos und von leerem Wortschwall überwuchert. In der Tat ist es jedoch hie und da auch noch möglich, in ganz allgemeinen Umrissen etwa zu erkennen, welche Gedanken den Kranken bewegen.

Sprachverwirrte Kranke können mit ihren geläufigen, halb unverständlichen Reden auf den ersten Blick an sensorisch Aphasische erinnern. Allein die Redseligkeit der Aphasischen entspringt nicht sowohl der Freude an der sprachlichen Betätigung, als vielmehr dem Bedürfnisse, sich der Umgebung irgendwie verständlich zu machen. Sodann ist das Kauderwelsch der Aphasischen in erster Linie beherrscht von Wortfindungsstörungen, denen sich akataphasische und agrammatische Fehler nur in beschränkterem Umfange zugesellen. Bei den Sprachverwirrten treffen wir aber weiterhin auch noch zweifellose Denkstörungen, wie wir ihnen im Traume ganz ähnlich begegnen. Besonders zahlreich scheinen metaphorische Paralogien zu sein. Aus den Reden des schon mehrfach erwähnten Kranken führe ich einige Beispiele an:

»Ich werde so frei sein, ein kleines Konzert zu machen«, bei der Aufforderung, zu schreiben.

»Ich muß gerade Kriegsministerdienste machen« für »gehen und den Tisch decken«.

»Ich rauche keine Zigarre, weil sie etwas dünner gesotten ist; ich habe selber die schönsten Brillen zu Hause«, beim Anbieten einer Zigarre.

»Sie können wohl ihre Axillaris hier fortsetzen« für »hier noch eine Zeitlang schreiben«.

»Ich gehe hinein, den Tisch decken; das ist mein Eigentum« für »mein besonderes Amt«.

»Machen Sie sich kein Vergnügen daraus« für »machen Sie sich nicht die Mühe«.

»Samstag muß ich die Erdäpfel auswaschen« für »muß ich baden«.

»Ich möchte Sie einladen zu einem kleinen Konzert in puncto der Herkules-arie« für »ich möchte Ihnen dies Schriftstück zeigen«.

»Und nun wäre die Verkehrsanstalt zu Ende« für »die Zeit Unter-haltung«.

»Die Zigarre, die offeriert ist, habe ich nicht gleich berechnen dürfen, weil ich den Inhalt in etwas dickerem Käse eingeliefert habe« für »Die Zigarre habe ich nicht annehmen dürfen«.

Die Deutung der Paralogien kann hier natürlich nur aus der ganzen Sachlage erschlossen werden, da der Kranke über seine wirklichen Gedanken keine Auskunft zu geben vermag. Dennoch zeigen die angeführten Beispiele eine leidliche Übereinstimmung mit denjenigen des Traumes. Bei einzelnen kann man vielleicht zweifelhaft sein, ob es sich nicht um einfache Wortfindungsfehler handle; meist aber ist es wohl klar, daß wir es mit einem assoziativ angeregten Nebengedanken zu tun haben, der an Stelle der ursprünglich vorschwebenden Vorstellungsreihe zum sprachlichen Ausdrucke gelangt. Im dritten Beispiele wird zunächst die richtige Antwort gegeben, dann aber sogleich noch durch eine Paralogie umschrieben. Bemerkenswert ist im letzten Beispiele, dem wir leicht noch andere, ähnliche anreihen könnten, die Anknüpfung eines ganz unsinnigen Nebensatzes an die erste Paralogie; wir sehen daraus, wie der Wortschwall den Kranken gewissermaßen fortreißt. Auch der Zusatz »in puncto der Herkulesarie« im drittletzten Beispiele ist wohl ähnlich zu beurteilen.

Jedenfalls können wir aus diesen Erfahrungen den Schluß ziehen, daß bei der Sprachverwirrtheit neben den Störungen der Wortfindung und der sprachlichen Gedankenfassung auch solche des Gedankenganges selbst vorhanden sind, die zum Teil denen des Traumes sehr ähneln. Gerade diese Ausdehnung der Störung auf die ganze Reihe der Gebiete, welche bei der Entstehung der Sprache zusammenwirken, weist darauf hin, daß die Sprachverwirrtheit bei der Dementia praecox von allen besprochenen krankhaften Erscheinungen der Sprachstörung des Traumes am nächsten steht. Von den Vorgängen des gesunden Lebens ist diesen letzteren am meisten verwandt das Versprechen und Verdenken bei hochgradiger Zerstreutheit. Andererseits gehen bei der Kindersprache wie bei der sensorischen Aphasie offenbar manche Vorgänge des geistigen Lebens ungestört vonstatten, die unter den vorher erörterten Bedingungen irgendwie beeinträchtigt wurden. Es wird die Aufgabe weiterer, eindringender Zergliederung der sprachlichen Vorgänge und ihrer Störungen sein, die Art und Ausdehnung der begangenen Fehler in den verschiedenen Fällen genauer zu umgrenzen, um auf diese Weise die inneren Beziehungen der mannigfaltigen Leistungen aufzuklären, die beim Ablaufe der sprachlichen Ausdrucksbewegungen ineinandergreifen müssen.

VI. Zusammenfassung.

Der Versuch, die Beispiele von Sprachstörungen des Traumes nach bestimmten Gesichtspunkten zu gruppieren, hat uns gezeigt, daß dieselben eine sehr große Mannigfaltigkeit aufweisen. Gerade darin liegt ein Teil ihres besonderen wissenschaftlichen Wertes, indem sie uns lehren, wie ungemein verwickelt schon der Vorgang der inneren Sprache sein muß, wenn wir im Traume die allerverschiedenartigsten Störungen zur Ausbildung gelangen sehen. Bei einer großen Zahl von Fällen waren wir imstande, uns unmittelbar über die Vorgänge Rechenschaft zu geben, die zu der Entstehung der Fehläußerungen geführt haben. Da die Sprachstörungen des gesunden, wachen Lebens, namentlich soweit sie die innere Sprache betreffen, nur einen sehr engen Spielraum besitzen, während wir bei den krankhaften Erscheinungen unseres Gebietes wieder außerstande sind, ihre innere Entstehungsgeschichte zu verfolgen, so bieten die Sprachstörungen des Traumes, die an Ausdehnung und Vielseitigkeit denen der Kranken durchaus nicht nachstehen, eine überaus willkommene Gelegenheit, selber Zustände zu durchleben, in denen das wichtigste Werkzeug unseres Seelenlebens gewissermaßen unter unseren Händen versagt und seine Gebrauchsfähigkeit wiedergewinnt.

Werfen wir zunächst einen Blick zurück auf die lange Reihe von Störungen, die wir im einzelnen besprochen haben, so erhalten wir die folgende Übersicht, in der überall die Zahl der berichteten Beispiele hinzugesetzt wurde:

I. Störungen der Wortfindung (165).

   A. bei einfachen Allgemeinvorstellungen (88).

   1. Verstümmlung und Abänderung (9).

2. Ersatz durch andere Worte (29).
 a. nach Klangverwandtschaft (9).
 b. nach begrifflicher Verwandtschaft (12).
 c. Beziehungslos (8).
3. Wortneubildungen (50).
 a. mit klanglicher Anlehnung (20).
 b. mit begrifflicher Anlehnung (10).
 c. willkürlich (20).

B. bei Individualvorstellungen (48).
1. Verstümmelung (6).
2. Ersatz (8).
3. Neubildung (34).

C. bei verwickelteren Vorstellungen (17).

D. Sinnlose Neubildungen (12).

II. Störungen der Rede (58).
A. Störungen der sprachlichen Gedankenprägung, Akataphasie (36).
1. Verschiebungsparalogien (7).
2. Entgleisungsparalogien (10).
3. Ellipsen (10).
4. Wortgeklingel (9).

B. Störungen der sprachlichen Gliederung, Agrammatismus (22).
1. Syntaktische Fehler (7).
2. Telegrammstil (12).
3. Agrammatische Bruchstücke (3).

III. Störungen des Denkens (51).
A. Unvollkommene Ausprägung des Gedankenganges (11).
1. Gedankenlose Redensarten (7).
2. Zusammenhangslosigkeit (4).

B. Abgleiten des Gedankenganges (38).
1. Metaphorische Paralogie (25).
2. Vorstellungsmischung (13).
3. Witzige Gegensätze (2).

Aus dieser Übersicht geht hervor, daß die Sprachstörungen des Traumes sehr verschiedene Abschnitte des Sprachvorganges betreffen können, und daß gewisse Fehler besonders häufig, andere weit seltener zur Beobachtung kommen. Allerdings kann bei unserer Sammlung der Zufall eine große Rolle gespielt haben, und es ist wahrscheinlich, daß die auffallenderen Störungen, insbesondere die Wortneubildungen, leichter die Aufmerksamkeit des Träumenden erregten; dennoch dürfte die immerhin nicht ganz kleine Zahl von Beispielen wenigstens ungefähr ein Urteil über die verhältnismäßige Häufigkeit der einzelnen Störungen ermöglichen.

Wenn eine sprachliche Äußerung zustande kommen soll, so muß zunächst der vorschwebende Gedanke bestimmt und klar ausgeprägt sein. Ist er verschwommen oder verworren, so entstehen die gedankenlosen Redensarten oder die Zusammenhangslosigkeit. Wir haben jedoch Grund, anzunehmen, daß auch bei den sinnlosen Neubildungen, beim Wortgeklingel und bei den agrammatischen Bruchstücken in der Regel der Bewußtseinsinhalt mehr oder weniger unklar ist, gelegentlich wohl auch noch bei einigen anderen Formen. Die Zahl solcher Beispiele würde unter dieser Annahme auf 30—40 anwachsen.

Weiterhin muß die vorschwebende Vorstellung die Möglichkeit finden, sich in sprachliche Form umzusetzen. Bei den metaphorischen Paralogien wie bei der Vorstellungsmischung geschieht das nicht, insofern im ersten Falle eine assoziativ angeregte Nebenvorstellung allein, im letzteren wenigstens zusammen mit der ursprünglichen Vorstellung zur sprachlichen Prägung gelangt. Bei den Verschiebungsparalogien, die sich mit diesen Formen nahe berühren, wird der Gedanke nicht so, wie er vorschwebte, sondern in unklarer, ungeschickter, mehr oder weniger entstellter Form wiedergegeben, während bei den Entgleisungsparalogien die beabsichtigte sprachliche Fassung durch das Eindrängen fremdartiger Bestandteile vereitelt wird. Die Ellipsen endlich sind dadurch gekennzeichnet, daß nur kümmerliche Bruchstücke des Gedankenganges als unzusammenhängende Andeutungen den Anschluß an den sprachlichen Ausdruck erreichen.

Eine besondere Aufgabe der Sprachbildung ist neben der Umsetzung der einzelnen Vorstellungen in Sprachsymbole ihre richtige Gliederung im Satzgefüge. Da es Sprachen gibt, die auf diese

Gliederung verzichten, so handelt es sich hier um eine Leistung, die für den Gedankenausdruck nicht unbedingt notwendig ist; sie wird ja auch vom Kinde erst erlernt, nachdem es sich schon längst verständlich machen kann, und sie kann, wie die Fälle von Agrammatismus dartun, auch allein verloren gehen. Im Traume geschieht das jedoch verhältnismäßig nicht häufig. Wie gewisse Fehler der Kindersprache lehren, entwickeln sich allmählich eingeübte Gewohnheiten, welche die Abwandlung der Worte und ihre Stellung im Satze regeln. Wir erinnern uns dabei an die in unseren Beispielen vielfach hervorgetretene Tatsache, daß wir offenbar auch im späteren Leben gewisse allgemeine sprachliche Einstellungen erwerben, die uns gestatten, unsere gesamte Ausdrucksweise im Sinne einer bestimmten Sprache oder Mundart zu wählen, ohne daß wir auf Wortschatz und grammatische Regeln im einzelnen besondere Rücksicht zu nehmen brauchen. Das geht mit überraschender Klarheit aus der Erfahrung hervor, daß wir im Traume, übrigens auch im Wachen, eine fremde Sprache in ganz sinnlosen Silbenanhäufungen sehr treffend nachzuahmen vermögen.

Die bei weitem umfangreichste Gruppe unserer Beispiele bilden die paraphasischen Wortfindungsstörungen; sie würde noch größer sein, wenn wir die bei den übrigen Formen auch gelegentlich mit vorkommenden Wortfehler hinzurechnen wollten. Die Art der Fehlworte erinnert im allgemeinen an die Erfahrungen bei der Paraphasie, doch sind gewisse durchgreifende Unterschiede nicht wohl zu verkennen. Die einfachen Verstümmelungen und Abänderungen spielen hier, im Gegensatze zur Paraphasie, nur eine geringe Rolle; es handelt sich um 15 Beispiele unter 165. Allerdings ist es möglich, daß nur die auffallenderen Fehlworte die Aufmerksamkeit des Träumenden lebhafter beschäftigt haben und daher in größerer Zahl aufgezeichnet wurden. Aber auch die Klangverwandtschaft, die ebenfalls bei der Paraphasie sehr erheblich mitwirkt, hat hier die Wortfindung nur in 29 Fällen irregeleitet, und das Haften, das dort so augenfällig hervorzutreten pflegt, besitzt hier anscheinend kaum irgendwelche Bedeutung. Alle jene Fehler scheinen somit durch die äußere Sprache besonders begünstigt zu werden. Dagegen finden sich im Traume weit mehr Beispiele von begrifflicher Anlehnung, als bei der Paraphasie, wo sie recht selten sind; wir zählen 22 Fälle.

In ganz besonderem Grade kennzeichnend für die Traumsprache aber sind die ungemein zahlreichen Wortneubildungen, nicht weniger als 113 Fälle, durch deren Häufigkeit sie sich wesentlich von den paraphasischen Störungen unterscheidet. Gerade diese Abweichungen nähern sie den Erscheinungen der Sprachverwirrtheit an, bei der ja auch die Wortneubildungen in so sehr auffallender Weise hervortreten.

Auf der anderen Seite ist es unverkennbar, daß die Wortfindungsstörungen im Traume unter ganz ähnlichen Bedingungen stehen wie bei der Paraphasie. Einmal sind es die Eigennamen, bei denen auch schon im wachen Leben des Gesunden die Verwechslung der sprachlichen Bezeichnung besonders leicht erfolgt, da sie einen weit weniger wesentlichen Bestandteil der Gesamtvorstellung bildet und daher mit deren Kern viel lockerer verknüpft ist, als bei anderen Vorstellungen. Sodann werden besonders gern ungewöhnliche oder fremdsprachige Bezeichnungen durch Fehlworte ersetzt, offenbar aus ähnlichen Gründen; wir dürfen annehmen, daß auch dort die Verbindung zwischen sachlichen und sprachlichen Vorstellungsbestandteilen weniger fest ist, also leichter gelockert wird. Schon beim Besinnen fallen uns ja derartige Bezeichnungen schwerer ein, als alltägliche und der Muttersprache entstammende Worte. Es ist möglich, daß auch bei der Sprachverwirrtheit die beiden hier genannten Gesichtspunkte von Bedeutung sind, wenn es auch schwer ist, sich darüber Klarheit zu verschaffen.

Sehr merkwürdig ist die Erfahrung aus dem Traume, daß wir in einer gewissen Zahl von Fällen zu Wortneubildungen greifen, um verwickeltere Vorstellungen zu benennen, für die eine einheitliche, kurze Bezeichnung nicht vorhanden ist; 17 unserer Beispiele waren hierher zu rechnen. Wie es scheint, kommt dieser Vorgang bei der Paraphasie nicht zur Beobachtung, doch deuten manche Erfahrungen darauf hin, daß wir für die Sprachverwirrtheit Ähnliches anzunehmen haben. Dort hat man vielfach sogar geglaubt, einen großen Teil der Wortneubildungen auf die Entstehung neuer, krankhafter Vorstellungen zurückführen zu dürfen, für die eben dann auch neue Bezeichnungen geschaffen werden müßten. Es ist mir sehr zweifelhaft, ob diese Erklärung einen weiten Spielraum beanspruchen darf, doch ist sie wohl innerhalb gewisser enger Grenzen nicht ganz abzulehnen. Dagegen kann ich mich nicht davon überzeugen, daß wir es im Traume wirklich mit einer Neuschöpfung von Vorstellungen zu tun haben, die nun auch sprachliche Neubildungen erheischen würden. Vielmehr scheint es sich dabei wesentlich um Vorgänge zu handeln, die den Ellipsen ganz nahe verwandt sind; aus einer Gruppe von Vorstellungen gelangen nur einzelne Bestandteile, und auch diese vielleicht noch in verschobener oder paraphasischer Weise, zur sprachlichen Ausprägung, so daß ein unverständliches Bruchstück in der Rede als Vertretung einer verwickelten Vorstellung auftritt. In der Tat lassen sich die vorschwebenden Vorstellungen, wie eine Musterung zeigt, im Wachen ohne Schwierigkeit vollständig und verständlich ausdrücken, so daß an sich keine Nötigung besteht, nach neuen Bezeichnungen zu suchen. Der Träumende aber hat die Herrschaft über den Wortschatz verloren, der ihm die sprachliche Fassung ermöglichen würde, und er greift nun in ähnlicher Weise zu unvollkommenen Notbehelfen, wie wir es tun, wenn wir uns in einer fremden, uns gar nicht mundgerechten Sprache ausdrücken sollen. Unter diesem Gesichtspunkte scheinen mir die Wortneubildungen für verwickeltere Vorstellungen eine ähnliche Bedeutung zu haben wie die Verschiebungsparalogien, als deren Entstehungsursache wir auch nicht das geflissentliche Suchen nach entlegenen Ausdrücken, sondern die Unfähigkeit zum Auffinden der nächstliegenden Wendungen angenommen hatten.

Nicht ohne tiefere Bedeutung ist zweifellos die Tatsache, daß die übergroße Mehrzahl der sprachlichen Wortneubildungen das Gepräge des Fremdsprachigen trägt. Außer den 27 Fällen, die ausdrücklich als Übersetzungen in andere Sprachen gedacht wurden, findet sich eine Unmenge von Beispielen, die unverkennbar in der Form des Fremdwortes auftreten; ihnen gegenüber stehen die der Muttersprache angehörigen Neubildungen ganz im Hintergrunde. Ähnliche Beobachtungen machen wir bei der Sprachverwirrtheit, die ebenfalls eine gewisse Vorliebe für fremdklingende Neubildungen aufweist. Wir dürfen hier wohl an den Umstand erinnern, daß nahezu alle neuen Wörter, die wir seit der Erlernung unserer Muttersprache in frühester Jugend überhaupt kennen lernen, fremdsprachige sind, und daß insbesondere die ungeheure Bedeutung, die den fremden Sprachen in unserem Schulbetriebe zukommt, wenigstens den gebildeteren Klassen die Angliederung fremdklingender Ausdrücke und deren Eintreten für die Bezeichnungen der Muttersprache zu einem ganz alltäglichen Vorgange werden läßt. Weiterhin ist zu berücksichtigen, daß wir fremde Sprachen nicht, wie die Muttersprache, mit dem Ohr, sondern zunächst vorzugsweise mit Hilfe von Gesichtsbildern und von Sprachbewegungsvorstellungen zu lernen pflegen, daß wir also vielleicht über deren Bestandteile verhältnismäßig leicht verfügen, wenn der sonst maßgebende Einfluß zerstört ist, den die Klangbilder der Muttersprache ausüben. Es schien mir auch, daß jene fremdsprachige Färbung der Neubildungen bei Kranken, die nur ihre Muttersprache kennen, gar nicht oder sehr viel schwächer hervortritt.

Dazu kommt endlich, daß fremdsprachige Bezeichnungen, die als Vertreter irgendwelcher Vorstellungen auftreten, dabei weit weniger Widerstände zu überwinden haben, als Neubildungen aus der Muttersprache. Bei diesen letzteren tauchen doch in der Regel mehr oder weniger deutlich noch die Nebenvorstellungen auf, die sich an die Einzelglieder des sprachlichen Ausdruckes anknüpfen. Gerade darin liegt ja der unermeßliche Wert der Sprachreinheit, daß sie eine reiche Fülle von Begleitvorstellungen mit anregt, durch die der Sinn jeder Wendung bis in seine Tiefen hinein erhellt wird. Dem gegenüber bildet das Fremdwort, selbst wenn wir imstande sind, uns seine Zusammensetzung klarzumachen, doch nur in groben Umrissen eine Vertretung des von ihm bezeichneten Begriffes; die inneren Beziehungen seines sprachlichen Inhaltes zu den Einzelheiten der vorschwebenden Vorstellung bleiben undurchsichtiger, und die Verbindung wird daher vielfach als eine rein willkürliche empfunden. Bei der Muttersprache dagegen, wo die Begriffsbildung zum großen Teile erst mit Hilfe der Sprache vor sich geht, erscheint sie als eine innerliche und unlösbare. Bei den abgezogenen Allgemeinvorstellungen können ja schließlich die sprachlichen Bezeichnungen den Hauptbestandteil bilden, an den sich nur spärliche und verschwommene sachliche Vorstellungsreste anknüpfen. Diese sprachlichen Ausdrücke gehen daher auch bei einer Erschwerung der Wortfindung zu allerletzt verloren. Aus ähnlichen Gründen werden geläufige Wörter der Muttersprache, da sie in besonders inniger Verknüpfung mit den von ihnen vertretenen Vorstellungen stehen, weit weniger leicht für versagende sprachliche Bezeichnungen eintreten können, als fremdsprachige Bildungen, die nur locker oder gar nicht mit Sachvorstellungen verbunden sind. Sie haben eine viel größere Unabhängigkeit und Beweglichkeit, allerdings auch einen unklareren und verschwommeneren Inhalt, Eigenschaften, die ihr Auftreten in Form von Fehlworten begünstigen müssen.

Leider ist es mir nicht möglich gewesen, die Frage zu untersuchen, welche persönlichen Unterschiede in der Gestaltung der Traumsprache bestehen; dazu wären sehr viel ausgedehntere Beobachtungen nötig gewesen. Die Hauptmasse der Beispiele stammt von derselben Person; von anderen verfüge ich nur über kleinere Beobachtungsgruppen, die eine zuverlässige Vergleichung nicht gestatten. Eine Person lieferte 17 Beispiele. Darunter befanden sich auffallenderweise 14 Sätze und nur ein Wort sowie zwei kürzere Wendungen. Es wäre jedoch verfehlt, daraus schon auf eine Neigung zu längeren Reden im Traume zu schließen, da wir ja nicht wissen, ob nicht bei geringerer Aufmerksamkeit auf die hier besprochenen Erscheinungen eben nur die längeren Reden hafteten, während die einzelnen absonderlichen Wörter in sonst verständlichen Sätzen vernachlässigt wurden. Auch die zahlreichen Wortfindungsfehler unserer Übersicht bildeten in Wirklichkeit Bestandteile von Reden, von denen jedoch dem Träumenden immer nur Bruchstücke in Erinnerung blieben. Beachtenswerter ist schon die Erfahrung, daß von den Beispielen der genannten Person 4 ausgesprochen rhythmisch geformt waren, und daß 5 Beispiele als vermeintliche Zitate wiedergegeben wurden; 2 jener versartigen Reden waren unzweifelhaftes Wortgeklingel. Diese Umstände deuten im Vergleich mit den übrigen Beobachtungen darauf hin, daß jene Person im Traume besonders geneigt war, in gehobenem Stile zu sprechen. Die wenigen Beispiele verteilten sich nach der Art der Störungen dahin, daß es sich sechsmal um Wortfindungsfehler, dreimal um akataphasische und siebenmal um Denkstörungen handelte. Diese letzteren nahmen somit einen unverhältnismäßig großen Raum ein. Besonders beachtenswert ist es, daß nicht weniger als 5 metaphorische Paralogien vorkamen, ungefähr dreimal so viel, als man nach der Gesamtzahl der Beobachtungen hätte erwarten sollen. Die Neigung zu bildlicher Redeweise war also hier im Traume besonders ausgeprägt. Wenn man will, kann man diese Eigentümlichkeit mit der vorhin erhobenen in Verbindung bringen, und man würde damit auch der im Wachen erkennbaren Eigenart der betreffenden Persönlichkeit gerecht werden.

Die klinischen Beziehungen, wenn ich mich so ausdrücken darf, welche die Traumsprache zu bestimmten Erkrankungsformen aufweist, legen den Wunsch nahe, sich darüber Rechenschaft zu geben, wie weit sich die mannigfaltigen Abweichungen, die in unseren Beispielen hervortreten, etwa auf gewisse allgemeinere Grundstörungen zurückführen lassen. Könnten wir darüber Klarheit erlangen, so würde nicht nur auf jene Erkrankungen neues Licht fallen, sondern wir würden auch die dort bereits gewonnenen Gesichtspunkte vielleicht zum Verständnis der Traumstörungen nutzbar machen können. Wir werden uns nicht verhehlen dürfen, daß wir für ein tieferes Eindringen in die hier der Lösung harrenden Fragen noch recht unvollkommen vorbereitet sind. Insbesondere fehlt es auch an einer gründlicheren Erforschung mancher jener Vorgänge, deren Verwandtschaft mit der Traumsprache wir hier kurz berührt haben. Dennoch ist es vielleicht gestattet, wenigstens die Richtungen anzudeuten, in denen sich die weitere Aufklärung der Traumsprache voraussichtlich bewegen wird.

In erster Linie ist es klar, daß wir es im Traume mit einer Störung der Wortfindung zu tun haben, die der sensorischen Aphasie ungemein nahe steht. Genau wie dort ist der Einfluß der Wortklangbilder auf die Sprachbewegungsvorstellungen schwer beeinträchtigt. Infolgedessen setzen sich einerseits die Sachvorstellungen in verstümmelte, falsche oder gänzlich neugebildete Worte um; andererseits sprechen wir diese Worte im Traume unbedenklich aus, ohne ihre Entstellung, ihre völlig andere Bedeutung oder ihre Sinnlosigkeit irgendwie zu bemerken. Weiterhin ereignet es sich nicht selten, daß eine umfangreiche Vorstellungsreihe nur in einzelnen, zusammenhangslosen Bruchstücken sprachlichen Ausdruck findet, und endlich können die sprachlichen Bewegungsvorstellungen, namentlich in rhythmischer Gliederung, ohne jede Beziehung zu einem Gedankeninhalte, nur als tönendes Wortgeklingel, den Träumenden entzücken. Nur hie und da einmal kommt uns in allen diesen Fällen das Auseinanderweichen von Vorstellungsinhalt und sprachlichem Ausdrucke irgendwie zum Bewußtsein. Wir empfinden unsere Äußerung als verkehrt oder, weit häufiger, als komisch, witzig, oder endlich, am häufigsten, als fremdsprachige Übersetzung, die wir hinnehmen, ohne uns über die sprachliche Ableitung im einzelnen weiter Rechenschaft zu geben.

Schon häufig ist darauf hingewiesen worden, daß wir im allgemeinen die Muttersprache wesentlich anders erlernen, als die später hinzutretenden fremden Sprachen. Wenn man absieht von den beziehungslosen lallenden Lauten der ersten Kindheit und etwa einzelnen Interjektionen, sind die ursprünglichsten Sprachvorstellungen des vollsinnigen Menschen ausnahmslos Wortklangbilder, an die sich dann die Sachvorstellungen anknüpfen. Ihnen folgen erst weiterhin mit der Ausbildung des Sprachvermögens, das ja naturgemäß dem Sprachverständnisse nachhinkt, die fast immer zunächst auch von Gehörswahrnehmungen begleiteten sprachlichen Bewegungsvorstellungen. Es ist daher vollkommen verständlich, daß die Wortklangbilder in allererster Linie die sprachlichen Bestandteile der Vorstellungen liefern, und daß sie den regelnden Einfluß auf den Ablauf der Sprachbewegungen, den sie von Anfang an besaßen, auch im weiteren Verlaufe der sprachlichen Entwicklung beibehalten. Wir haben uns offenbar ihr Verhältnis zum Sprechen ganz ähnlich zu denken, wie dasjenige der Gelenkempfindungen zu der Ausführung von Bewegungen. Wir sind imstande, zu sprechen und uns zu bewegen, auch wo die Führung durch die Wortklangbilder oder durch die Gelenkempfindungen verloren gegangen ist, aber Sprache wie Bewegungen geraten ungemein leicht auf falsche Bahnen, machen Fehlgriffe, verlieren die Fähigkeit der feineren Abgleichung. Wenn wir somit die sensorische Aphasie der sensorisch bedingten Ataxie an die Seite stellen können, würde dem Verluste der Stereognosie etwa derjenige des Sprachgefühles auf unserem Gebiete verglichen werden können.

Wir vermögen bekanntlich ataktische Störungen, die durch Verlust der Gelenkempfindungen bedingt sind, mit Hilfe der Augen einigermaßen wieder auszugleichen. Auch im Bereiche der Sprache bilden wir späterhin Hilfsmittel heraus, die bis zu einem gewissen Grade instande sind, für die Wortklangbilder einzutreten, vor allem die Gesichtsbilder der Schrift und weiterhin die daran sich knüpfenden Schreibbewegungsvorstellungen. Mit ihrer Hilfe kann die

Beherrschung der sprachlichen Ausdrucksmittel mehr oder weniger vollkommen wiedergewonnen werden.

Wenden wir diese, aus der Aphasielehre entnommenen Anschauungen auf die Sprachstörungen des Traumes an, so würden wir zu dem Schlusse kommen, daß hier Wernickes Zentrum für die Wortklangbilder seine Dienste mehr oder weniger vollständig versagte. In der Tat sind wir im Traume zweifellos worttaub, und insofern würden die Erfahrungen über Sprache und Sprachverständnis im Traume mit einander in guter Übereinstimmung stehen. Allerdings kann sich die Worttaubheit im Schlafe unter Umständen zu fast völliger Taubheit steigern, doch dürfen wir darauf hinweisen, daß den Traumzuständen, mit denen wir es hier zu tun haben, sicherlich keine große Schlaftiefe entspricht, und daß wir daher im allgemeinen wohl berechtigt sind, von Worttaubheit und nicht von Taubheit zu sprechen. Vielfache Erfahrungen lehren, daß der Träumende einigermaßen kräftige Gehörseindrücke wahrnimmt, ohne sie zu verstehen. Zwei derartige Beispiele haben wir früher kennen gelernt (258 und 259). Unter Umständen, wenn er das ihm zugerufene Wort einfach wiederholt, ohne seinen Sinn zu erfassen, kann sein Verhalten demjenigen bei transkortikaler Aphasie entsprechen. Jedenfalls ist somit im Traume nicht nur die Wahrnehmung von Gehörseindrücken, sondern außerdem auch noch die geistige Verarbeitung dessen erschwert, was trotz der Wahrnehmungshindernisse in das Bewußtsein dringt. In einem gewissen Zusammenhange damit steht vielleicht die Erfährung, daß unter unseren 274 Beobachtungen nur neunmal das Gesprochene einer anderen Person zugeschrieben wurde, während sich immerhin 27 Beispiele fanden, in denen anscheinend Schriftbilder mit eine Rolle gespielt hatten. Die Wortklangbilder, denen wir im wachen Leben, sicher mit Recht, eine durchaus maßgebende Bedeutung für unser Sprechen zuschreiben, treten somit im Traume ganz auffallend zurück, selbst weit hinter die Schriftbilder, die schon wegen ihrer späten Erlernung sonst unmöglich die gleiche Wichtigkeit beanspruchen können wie jene ersteren[1]). Allerdings wäre es möglich, daß hier persönliche Eigentümlichkeiten zu berücksichtigen sind, da diejenige Person, von der die große

---

[1]) Dodge, Die motorischen Wortvorstellungen, 1896, S. 40.

Mehrzahl der Beispiele stammt, entschieden die Gesichtsbilder vor den Gehörseindrücken bevorzugt. Dennoch ist es wenig wahrscheinlich, daß dadurch die in der Erwerbung der Sprache so fest begründete Vorherrschaft der Wortklangbilder wesentlich berührt werden sollte. Zu bemerken ist übrigens noch, daß auch in den wenigen Beispielen, die im Traume anderen Personen zugeschrieben wurden, kaum deutliche Gehörswahrnehmungen vorlagen. Zweimal glaubte der Träumende Gesang zu hören, dem er dann die Worte des Beispiels unterlegte, ohne sie doch eigentlich herauszuhören. Jedenfalls waren die Gesichtswahrnehmungen, namentlich die in 6 Fällen auftauchenden bildlichen Darstellungen, außerordentlich viel lebendiger.

Fassen wir diese Erörterungen zusammen, so ergibt sich der Schluß, daß im Traume das Hervortreten sprachlicher Bewegungsvorstellungen überaus häufig stattfindet, wenn sie sich auch nicht in wirkliche Bewegungen umzusetzen vermögen. Allein jene Bewegungsvorstellungen entbehren offenbar sehr vielfach des leitenden Einflusses der Wortklangbilder und bieten daher Wortfehler dar, wie sie bei der sensorischen Aphasie beobachtet werden. Dementsprechend sind Wortklangbilder im Traume überhaupt ungemein selten, zumal wenn man ihre durchaus grundlegende Wichtigkeit im Wachen berücksichtigt. Dagegen kommen Schriftbilder erheblich öfter zur Beobachtung, trotz ihrer weit geringeren Bedeutung für die Sprache. Die Einschränkung der Beziehungen zur Außenwelt geschieht somit nicht auf allen Verbindungswegen in gleichem Maße, sondern, wenn wir hier von dem Wegfalle wirklicher Bewegungen absehen, ganz vorzugsweise auf dem Gebiete des Gehörssinnes und namentlich hinsichtlich der geistigen Verarbeitung der auf diesem Wege zufließenden Reize. Wir erinnern uns hier, daß unsere Träume sich überhaupt ganz wesentlich in Gesichtsbildern und Bewegungsvorstellungen abspielen, während die Gehörswahrnehmungen sehr in den Hintergrund treten, obgleich doch gerade das Hören der Sprache für uns im Wachen so ziemlich die allerwichtigste Gruppe von Sinneseindrücken liefert. Vielleicht hängt mit diesem Versagen der Wortklangbilder auch die große Flüchtigkeit unserer Erinnerungen an Traumäußerungen zusammen, da Bewegungsvorstellungen allgemein schlechter zu haften pflegen, als Sinnesvorstellungen.

Wenn man so sagen darf, scheint somit das Gebiet des Gehörssinnes bis in seine höchsten Abschnitte hinein tiefer zu schlafen, als dasjenige des Gesichtssinnes und wohl auch der Bewegungsvorstellungen, das allerdings gegen die Außenwelt hin ebenfalls völlig abgeschlossen wird. Auch das Auge ist nach außen hin sicher geschützt, und zwar durch Einrichtungen, die, wie unsere Glieder, durch Muskeln bedient werden. Dagegen bleibt das Gehör, der wichtige Warner vor nahender Gefahr, bis zu einem gewissen Grade empfänglich für äußere Eindrücke. Sie können zum Erwachen führen, wenn sie sehr kräftig sind, aber sie stören für gewöhnlich die Ruhe des Schläfers nicht, da sich ihrem Eindringen in das Bewußtsein Hindernisse entgegenstellen. Man könnte versucht sein, die tiefere Betäubung der niederen wie höheren Abschnitte des Gehörssinnes als eine Art Selbstschutz anzusehen, der ein völliges Ausruhen ermöglicht, obgleich der Zugang zum Sinne aus Gründen der Sicherheit nicht wie beim Auge vollkommen abgeschlossen werden darf.

Ein gewisse Sonderstellung unter den Sprachstörungen scheint der Agrammatismus einzunehmen, der einmal in der Form einfacher Aneinanderreihung der für das Verständnis des Gedankens wichtigen Worte, dann als Infinitivsprache auftreten kann. Beide Formen gehen jedoch ineinander über; das Wesentliche ist offenbar das Ausbleiben der grammatischen Abwandlungen und sodann das Fortlassen der entbehrlichen Verbindungswörter. Der Agrammatismus scheint in näheren Beziehungen zur sensorischen Aphasie zu stehen und öfters bei der Rückbildung dieser Störung vorübergehend aufzutreten; er wird aber auch gelegentlich nach ganz frisch einsetzenden Hirnerkrankungen beobachtet. Ferner pflegt er, wie früher angeführt, sehr ausgeprägt den halluzinatorischen Leseproben der Alkoholdeliranten eigen zu sein. Es scheint demnach, daß die Fähigkeit zu grammatischer Gliederung und Abwandlung der Worte eng an das Auftauchen der Wortklangbilder geknüpft ist, während Schriftbilder allein sich nicht ohne weiteres in die grammatischen Formen ordnen. Das ist auch völlig verständlich, da wir jene Fähigkeit ja zu einer Zeit erwerben, in der wir über Schriftbilder längst noch nicht verfügen.

Auf der anderen Seite ist aber Wortfindung und grammatische Formung der Rede bis zu einem gewissen Grade voneinander unabhängig. Bei der Entwicklung der Kindersprache folgt die letztere jener ersteren in ziemlich weitem zeitlichen Abstande, ja sie bleibt

in gewissen Sprachen überhaupt aus, ebenso wie manche Idioten ihr
Leben lang agrammatisch sprechen, ohne Wortfindungsstörungen
darzubieten. Umgekehrt brauchen Paraphasische durchaus keinen
Agrammatismus zu zeigen, und auch bei der Sprachverwirrtheit können
die absonderlichsten Wortfindungsstörungen auftreten, ohne daß die
grammatische Formung der Rede nennenswert beeinträchtigt er-
schiene. Im Traume spielt der Agrammatismus mit 22 Beispielen
gegenüber den 165 Fällen von gestörter Wortfindung eine ziemlich
untergeordnete Rolle. Wir dürfen daher wohl annehmen, daß die
Fähigkeit zur sprachlichen Gliederung der Rede gesondert erworben
und verloren werden kann. Sie ist etwa vergleichbar der gegenseitigen Anpassung von Bewegungsreihen aneinander unter einem
gemeinsamen Gesichtspunkte; es handelt sich um eine Koordination
höherer Ordnung nach bestimmten, allmählich erlernten Regeln, die
gestört sein kann, obgleich die einzelnen Glieder der Reihe richtig
geprägt werden, die aber auch gut erhalten sein kann, wenn gewisse
Teilvorgänge fehlerhaft ablaufen.

Unter den Wortfehlern der Traumsprache findet sich eine Gruppe,
deren Entstehungsgeschichte uns die Abgrenzung von der Hauptmasse
dieser Beispiele zu rechtfertigen scheint. Es handelt sich dabei um
den Ersatz eines Wortes durch ein anderes oder eine Neubildung
auf Grund begrifflicher Anlehnung. In diesen Fällen dürfen
wir uns wohl vorstellen, daß der Mißgriff nicht erst bei der eigentlichen Wortfindung begangen wird, sondern daß schon von vornherein statt der ursprünglich vorschwebenden Vorstellung eine andere,
ihr verwandte richtig oder fehlerhaft in Worte umgesetzt wurde; der
sprachliche Antrieb schlägt eine falsche Bahn ein, nicht weil ihm
die Führung durch das Wortklangbild fehlte, sondern weil er durch
eine Nebenvorstellung in eine andere Richtung gedrängt wurde. Die
Störung liegt also allein oder doch mit in den der Sprachbildung
vorausgehenden Vorgängen, und sie besteht gewissermaßen in einem
Abgleiten des Gedankenganges von der gegebenen auf eine andere,
daneben auftauchende Vorstellung, die dann ihrerseits sprachliche
Ausprägung erfährt.

Wie mir scheint, ist der hier angedeutete Vorgang nur ein Einzel-
fall einer ganz allgemeinen Störung des Traumlebens, der sich weiterhin nicht nur ein Teil der akataphasischen Erscheinungen, sondern

auch die große Gruppe der Denkfehler unterordnen lassen. Das Wesen der Verschiebungsparalogien hatten wir darin gefunden, daß an Stelle einer unklar nach Ausdruck ringenden Vorstellung eine andere, nur ungefähr ihren Sinn wiedergebende Umschreibung des Gedankens zur sprachlichen Fassung gelangt. Ähnlich sehen wir bei der metaphorischen Paralogie nicht die ursprüngliche, sondern eine assoziativ angeregte Vorstellungsreihe den Anschluß an das Ausdrucksmittel der Sprache erreichen, und bei der Vorstellungsmischung kommen neben- und durcheinander Teile der ersten und der von ihr wachgerufenen zweiten Gedankenkette zur Umsetzung in Sprachsymbole. Standen hier überall die verdrängenden Vorstellungen in begrifflicher Verwandtschaft zu den verdrängten, so lernten wir in den Entgleisungsparalogien und ähnlich wohl in der Zusammenhangslosigkeit Vorgänge kennen, bei denen der Gedankengang plötzlich durch ganz entlegene, zufällig auftauchende Vorstellungen unterbrochen und abgelenkt wird.

Es ist gewiß kein Zufall, daß uns gerade diese Störungen auch in jenen Zuständen des täglichen Lebens wieder begegnen, die wir als waches Träumen bezeichnen, ferner bei der ihnen in manchen Stücken nahe verwandten Zerstreutheit. Wir sind hier imstande, die Entwicklung des Vorganges in unserem Inneren zu verfolgen. Ohne Zweifel handelt es sich um das Fehlen oder Versagen jener Allgemeinvorstellungen, die beim »Nachdenken« unserem Vorstellungsverlaufe sein Ziel bestimmen und alle Abweichungen von der vorgezeichneten Richtung sofort unterdrücken. Auf diese Weise entsteht einmal eine gewisse Flüchtigkeit der Einzelvorstellungen, andererseits erhöhte Ablenkbarkeit. Nehmen wir an, wozu wir vollauf berechtigt sind, daß diese beiden Erscheinungen auch den Gedankengang des Traumes kennzeichnen, so würde sich ergeben, daß die auftauchenden Vorstellungen vielfach zu rasch wieder verblassen, um die zugehörigen Sprachvorstellungen auslösen ·zu können, während es gelegentlich assoziativ angeregten Nebenvorstellungen auf dem schon vorbereiteten Boden doch noch gelingt, sich in sprachlichen Äußerungen zur Geltung zu bringen. Sodann aber wird es verständlich, daß der nicht in bestimmter Bahn festgehaltene Gedankengang ungemein leicht und häufig von Vorstellungen durchbrochen wird, die außer jedem Zusammenhange irgendwoher aus dem Unbewußten emportauchen.

Neben dem Versagen der Wortklangbilder und der grammatischen Koordination hätten wir demnach im Traume mit dem Fortfallen der Zielvorstellungen zu rechnen, wie sie die Stetigkeit und Einheitlichkeit des Gedankenganges verbürgen. Diese Zielvorstellungen können keine anderen sein, als die allgemeinen, abgezogenen Begriffe. Unser gesamter Erfahrungsstoff besitzt zunächst die Form von mehr oder weniger stark verblaßten sinnlichen Erinnerungsbildern. In dieser ihrer sinnlichen Färbung können unsere Vorstellungen wohl durch zufällige Anknüpfungen bei uns wieder wachgerufen werden, aber sie unterliegen im allgemeinen nicht der Herrschaft des Willens. Schon Johannes Müller[1]) hat darauf hingewiesen, daß er völlig außerstande war, hypnagogische Gesichtsbilder willkürlich hervorzurufen oder zu verändern, und die Sinnestäuschungen unserer Kranken zeigen gewöhnlich die gleiche Unabhängigkeit vom Willen in ausgeprägtester Weise auch dann, wenn sie durch den Gedankengang unwillkürlich deutlich beeinflußt werden. Die sinnlichen Erinnerungen verhalten sich also in diesem Punkte genau wie die ursprünglichen Eindrücke selbst. Erst bei der weiteren geistigen Verarbeitung geraten sie in eine Abhängigkeit vom Willen, freilich nicht, ohne von ihrer ursprünglichen Lebhaftigkeit erheblich einzubüßen. Die Bilder, die wir uns willkürlich ins Bewußtsein zu rufen vermögen, sind im allgemeinen undeutliche Schatten, und sie werden nicht, wie etwa die hypnagogischen Täuschungen und auch die Traumbilder, deutlich nach außen verlegt. Eine Ausnahme machen nur gewisse einmalige Eindrücke, eine Landschaft, eine gewisse bestimmte Persönlichkeit oder Lebenslage, die wir uns bisweilen mit greifbarer Deutlichkeit wieder vor Augen zu stellen vermögen. Sobald es sich jedoch um Vorstellungen allgemeinerer Art handelt, bleibt das willkürlich erzeugte Bild verschwommen, falls nicht etwa gerade eine bestimmte Einzelerfahrung aus der Erinnerung hervortaucht.

Wenn somit die Bilder, je mehr sie Vertreter von Allgemeinvorstellungen werden, immer stärker verblassen, so geraten sie dabei andererseits unter die Herrschaft des Willens; sie stehen uns in jedem Augenblick nach Bedarf zu Gebote, während wir die hypnagogischen Erscheinungen einfach an uns vorüberziehen sehen, ohne ihnen

---

1) Über die phantastischen Gesichtserscheinungen, 1826, S. 81.

gebieten zu können. Offenbar vollzieht sich demnach bei der Bildung von Allgemeinvorstellungen eine Verknüpfung der Sinneserinnerungen mit Bestandteilen unseres Seelenlebens, die dem Willen unterworfen sind. Als solche können nur Bewegungsantriebe in Frage kommen, von denen für uns bei weitem am wichtigsten diejenigen sind, die der Sprache dienen. In der Tat sehen wir die sprachlichen Bezeichnungen, vor allem die Verbindung von Wortklangbild und Sprachbewegungsvorstellung, eine um so größere Bedeutung in einer Vorstellung gewinnen, je allgemeiner ihr Inhalt wird. Zugleich werden sie völlig abhängig von unserem Willen; die allgemeinsten Vorstellungen sind wir jederzeit imstande wachzurufen, während wir uns auf Einzelvorstellungen oft genug vergeblich besinnen müssen. Die Sprache ist demnach, wenn auch ohne Zweifel nicht das einzige, so doch das wichtigste Hilfsmittel, durch das unsere Erfahrungen dem Willen unterworfen und verfügbar gemacht werden. Durch ihre Vermittlung vornehmlich gelingt es uns, beliebige Vorstellungen, wie sie unser Gedankengang fordert, ins Bewußtsein zu heben, sie dort festzuhalten und zur gelegenen Zeit durch andere zu ersetzen.

Wenn diese Erwägungen zutreffen, wenn der sinnliche Erfahrungsstoff hauptsächlich durch die Anknüpfung an Sprachvorstellungen, wie sie sich bei der Bildung allgemeinerer Vorstellungen vollzieht, dem Willen dienstbar gemacht wird, so läßt sich begreifen, daß gerade den Allgemeinvorstellungen eine Richtung gebende Gewalt in unseren Gedankengängen zukommen muß. In ihnen ist die Rolle des sprachlichen Bestandteiles mächtig angewachsen, und wir können sie daher mit Hilfe der Sprachbewegungsvorstellungen meistern wie unsere Bewegungen selbst; das Denken ist durch sie ein inneres Sprechen geworden und damit ebenso unserer Willkür unterworfen wie die äußere Sprache. Während die sinnlichen Erinnerungsbilder auftauchen und wieder verblassen trotz aller Bemühungen, sie festzuhalten, vermögen wir eine Allgemeinvorstellung lange Zeit hindurch zur Richtschnur unseres Gedankenganges zu machen, ohne daß sie uns entschlüpft, und wir können sie sofort von neuem herbeirufen, wenn sie doch einmal in den Hintergrund gedrängt sein sollte.

Im Traume haben wir, wie genugsam bekannt, die Herrschaft über unsere Gedankengänge verloren; wir nehmen sie hin, wie sie kommen und gehen. Wir würden daraus schließen müssen, daß die abgezogenen, allgemeinen Vorstellungen, die uns im Wachen die Zügel unseres Denkens in die Hand geben, hier zurücktreten. In der Tat hat uns die Betrachtung der metaphorischen Paralogien gezeigt, daß im Traume unzweifelhaft die Neigung zu einem Abgleiten des Gedankenganges vom allgemeinen auf das sinnlich-stoffliche Gebiet besteht, daß die abstrakte Denkweise durch die bildliche verdrängt wird. Dazu stimmt, daß die Traumvorgänge in Form von Erlebnissen auftreten, die von unserem Willen unabhängig sind, ja ihn oft genug peinlich durchkreuzen. Wir träumen in sinnlich lebhaften Wahrnehmungen, vorzugsweise aus dem Bereiche des Gesichts und der Körperempfindungen, die vollkommen mit der Selbständigkeit äußerer Ereignisse auftreten. In Betäubung aber liegen diejenigen Gebiete, in denen die Allgemeinvorstellungen entstehen. Daher die Unfähigkeit, Widersprüche zu erkennen, daher die Ziellosigkeit und Sprunghaftigkeit der Traumvorgänge, daher auch, was uns hier angeht, das Abgleiten des Gedankenganges auf Nebenvorstellungen, die Entgleisungen, die Zusammenhangslosigkeit.

Wir dürfen wohl annehmen, daß die Allgemeinvorstellungen nebst den an sie sich knüpfenden geistigen Leistungen des Urteilens und Schließens die höchsten und verwickeltsten Betätigungen unseres Verstandes darstellen. Sehen wir sie doch in der persönlichen wie in der Stammesentwicklung erst auf den höheren und höchsten Stufen zur Ausbildung gelangen. Auch bei krankhaften geistigen Entwicklungshemmungen ist es gerade der Mangel allgemeiner Begriffe, der die Minderwertigkeit der Verstandesleistungen vor allem bedingt. Ist es ferner richtig, daß die höchsten und schwierigsten Leistungen unseres Seelenlebens am dringendsten die Einschiebung von Erholungspausen erfordern, so werden wir uns nicht darüber wundern dürfen, daß wir das abstrakte Denken im Traume versagen sehen, während sich noch oder schon Reihen von sinnlich gefärbten Bildern mehr oder weniger zusammenhangslos in unserem Bewußtsein abspielen. Wahrscheinlich hört im Tiefschlafe auch dieses Spiel auf; die Erfahrungen des Traumes aber zeigen uns, daß die innere Tätigkeit auf den verschiedenen Gebieten des Seelenlebens in einer bestimmten Reihenfolge erlischt und wieder beginnt; die feinsten und daher schonungsbedürftigsten Werkzeuge ruhen am längsten und am tiefsten.

Die Betrachtung der Traumsprache hat uns zu dem Ergebnis geführt, daß wesentlich die Wortklangbilder nebst der Fähigkeit zu grammatischer Gliederung, andererseits die Allgemeinvorstellungen mehr oder weniger ihre Bedeutung für den sprachlichen Ausdruck einbüßen. Da die Wortklangbilder offenbar in erster Linie die Verknüpfung zwischen den Sachvorstellungen und den Sprachbewegungsvorstellungen herstellen, so wäre es denkbar, daß zwischen den genannten beiden Grundstörungen noch ein tieferer Zusammenhang bestände. Eingehende Untersuchungen über das Verhalten des Gedankenganges bei sensorisch Aphasischen, wenn sie möglich sind, könnten unter Umständen zeigen, ob und wie weit das abstrakte Denken von der Mitwirkung der Wortklangbilder abhängig ist. Daß jedoch die Denkstörungen im Traume wahrscheinlich eine weit allgemeinere Ursache haben, wird durch ähnliche Abweichungen auf Gebieten dargetan, die mit der Sprache unmittelbar gar nichts zu tun haben. Unsere Gefühle und Stimmungen sind im Traume ebenso wechselnd und widerspruchsvoll wie der Inhalt unserer Vorstellungen. Es ist daher wohl anzunehmen, daß nicht nur die in sprachlichen Formen faßbaren, sondern die allgemeinen Niederschläge unserer Lebenserfahrungen überhaupt im Traume ihren leitenden und regelnden Einfluß auf unsere Bewußtseinsvorgänge verloren haben.

Will man mit diesen Ergebnissen unserer Betrachtung anatomische Vorstellungen verbinden, so würden wir zur Erklärung der Traumsprache einerseits, wie schon erwähnt, eine Herabsetzung der Leistungen in der Wernickeschen Gegend anzunehmen haben, der ja der Sitz der agrammatischen Störungen zum mindesten unmittelbar benachbart zu denken ist. Andererseits werden wir die Bildung von Allgemeinvorstellungen wohl am richtigsten in die gleichartig sich über die gesamte Hirnoberfläche verbreitenden obersten Rindenschichten verlegen. Wie Nissl annimmt[1]), erreicht die Rinde beim Menschen in den vorderen Hirnabschnitten eine besondere Mächtigkeit; jedenfalls werden wir uns die ganze schalenförmige Kappe während des Traumes im Zustande der Betäubung zu denken haben, während sich in den kortikalen Endstätten des Sehnerven noch eine ziemlich lebhafte Tätigkeit abspielen kann. Auch in denjenigen Gebieten, in

---

1) Vgl. Brodmann, Journal f. Psychologie und Neurologie, IV, S. 194.

denen sprachliche Bewegungsantriebe entstehen, die wir also wohl in der Gegend der Brocaschen Windung zu suchen haben, herrscht anscheinend keine vollkommene Ruhe, wenn auch die wirkliche Umsetzung dieser Antriebe in Bewegungen nicht zustande kommt.

Bemerkenswert ist es, daß diejenige Erkrankung, die ein der Traumsprache in vielen Stücken auffallend ähnliches Bild erzeugt, die Sprachverwirrtheit, ebenfalls als eine weitverbreitete Rindenerkrankung angesehen werden muß, bei der wegen der meist begleitenden Gehörstäuschungen die Annahme einer besonderen Beteiligung des Schläfenlappens naheliegt, während die sensorische Aphasie, die nur einen gewissen Teil der Sprachstörungen des Traumes umfaßt, auf einen umgrenzten Rindenbezirk beschränkt ist. Wenn man will, kann man diese Vorstellungen über die Ausbreitung der Traumveränderungen in der Hirnrinde unter Anlehnung an die Erfahrungen bei Hirnerkrankungen noch etwas weiter ausspinnen, doch erscheint mir der Boden dafür einstweilen noch zu unsicher. Wir wollen daher unsere Schlüsse nur dahin noch einmal zusammenfassen, daß in jenem Zwischenzustande zwischen Tiefschlaf und Wachen, wie ihn der Traum darstellt, neben einer allgemeinen, das gesamte höhere Seelenleben umfassenden Veränderung, die das Versagen der abstrakten Niederschläge unserer Erfahrungen bedeutet, und neben der Unterdrückung äußerer Willenshandlungen die Betäubung der Sinnesgebiete sich anscheinend nicht ganz gleichmäßig vollzieht. Insbesondere findet sich in der Entstehungsstätte der Gesichtsbilder, die der Einwirkung äußerer Reize durch besondere Vorrichtungen entzogen sind, noch eine große Lebhaftigkeit der Bewußtseinsvorgänge, während im Rindengebiete des Gehörs, in das stärkere Reize jederzeit einzudringen vermögen, ausgeprägte Behinderungen der Auffassung und geistigen Verarbeitung auftreten, die hinsichtlich der Sprache in hohem Maße den Erscheinungen bei einer umschriebenen Erkrankung der Wernickeschen Windung ähneln.

Es muß dahingestellt bleiben, wie weit die von uns erhobenen Befunde und damit die aus ihnen gezogenen Schlüsse sich bei der Nachprüfung an anderen Personen als allgemeingültig erweisen werden. Ferner wird ein tiefer gehendes Verständnis der bisher nur oberflächlich gruppierten Sprachstörungen des Traumes wohl erst dann zu erwarten sein. wenn die ganze Reihe von verwandten

Erscheinungen auf gesundem und krankhaftem Gebiete nach ähnlichen Gesichtspunkten genauer durchforscht sein wird. Das trifft bisher höchstens für das Versprechen und allenfalls für die Kindersprache zu, die aber beide wesentlich andere Züge tragen. Andererseits aber steht zu hoffen, daß eine genauere Kenntnis der Traumsprache für die Aufklärung mancher krankhafter Störungen weitreichende Bedeutung gewinnen kann. Neben der sensorischen Aphasie sind es namentlich die Sprachstörungen bei der Dementia praecox und hier wieder vor allem die Sprachverwirrtheit, über deren Wesen wir Aufschlüsse erwarten dürfen. Jedenfalls vermögen wir schon heute aus den Traumerfahrungen zu schließen, daß in den unsinnigen, zusammenhangslosen, manierierten Äußerungen unserer Kranken vom Standpunkte der inneren Betrachtung, wie wir ihn im Traume einzunehmen vermögen, vielfach ganz bestimmte Fehlervorgänge nachweisbar sind, deren Kenntnis uns wenigstens teilweise eine Erklärung für das auf den ersten Blick ganz Unverständliche liefern kann. Auch hier gibt es Gesetzmäßigkeiten, die wir am ehesten aufzudecken hoffen dürfen, wenn wir uns die Selbstbeobachtungen zunutze machen, wie sie uns die physiologische Geistesstörung des Traumes in so überraschender Ausbeute an die Hand gibt.

———

Nachtrag.

Nach Abschluß dieser Arbeit sind außer den noch in Anmerkungen berücksichtigten Beispielen folgende weitere Beobachtungen von mir gesammelt worden:

»Alfineri« statt »Alfieri«, einfacher Zusatz eines Buchstaben.

»Frauenkampf«, braunrote Blume. Offenbar schwebte »Frauenschuh« vor, daneben die durch abendliche Lektüre angeregte Vorstellung des Kampfes; Wortersatz mit klanglicher Anlehnung; Entgleisung durch Nebenvorstellung.

»Sie kann die Rolle nicht übernehmen ohne Fression aller ihrer Leitungsgegenstände« für »ohne Gefährdung ihrer Stimme«. Unsinnige Wortneubildung (Anklang an Pression? Fraktion?); Verschiebungsparalogie, angeregt durch die Nebenvorstellung der »Schalleitung«.

»Recht gut geworden sind die Zöglinge der alten und neuen Trafei« für »die Photogramme der Hirsche in zwei einander benachbarten, bestimmten Gehölzen«. »Zöglinge« ersetzt die dort gehegten Hirsche; die beiden Gehölze sind als »alt« und »neu« bezeichnet, weil das eine, umzäunte, viel älteren Baumbestand enthält. »Trafei«, offenbar Anlehnung an »Trafoi«, ist eine willkürliche Neubildung an Stelle der wirklichen, völlig abweichenden Namen jener Gehölze.

»Wollen Sie nicht mit der Gavei fahren?« statt »mit einer Dampfnebenbahn in Kopenhagen«; willkürliche Wortneubildung.

»Glassamen«, zerhacktes Glas als Kette zur Strafe für ein unartiges Schulkind, Neubildung nach begrifflicher Verwandtschaft für eine verwickeltere Vorstellung.

»Avellino«, Figur aus einem Relief des 14. Jahrhunderts, italienisch klingende Neubildung für eine Individualvorstellung; dunkles Vorschweben des »Pasquino« in Rom.

»Man will mir einen anderen Reichskanzler entgegenstellen, einen Reichskanzler der Wohlerzogenheit, der intimen kleinen Aussprachen«, dunkle Vorstellung, daß der Reichskanzler im persönlichen Verkehre sich anders gibt, als bei offiziellen Gelegenheiten, daß er sehr höflich ist; Verschiebungsparalogie.

Die Gesamtzahl der Beobachtungen ist damit auf 286 gestiegen.

Über

Sprachstörungen im Traume

Von

Emil Kraepelin

Leipzig

Verlag von Wilhelm Engelmann

1906

Verlag von **Wilhelm Engelmann** in Leipzig

Psychologische Arbeiten

herausgegeben

von

Emil Kraepelin.

gr. 8.

Erschienen sind bisher:

I.   Band. (4 Hefte.) Mit 13 Figuren im Text. 1895—1896.   ℳ 17.—
II. Band. (4 Hefte.) Mit 8 Tafeln und 9 Figuren im Text.
      1897—1899.   ℳ 20.—
III. Band. (4 Hefte.) Mit 1 Tafel und 41 Figuren im Text.
      1899—1901.   ℳ 25.—
IV. Band. (4 Hefte.) Mit 1 Tafel und 6 Figuren im Text.
      1901—1904.   ℳ 27.—
V.   Band. 1 Heft. 1906.   ℳ 5.—

Die Arbeitskurve

von

Emil Kraepelin.

Sonderausgabe aus der Wundt-Festschrift,
Philosophische Studien, Band XIX.

Mit 5 Figuren im Text und 1 Tafel.
gr. 8.   1902.   ℳ 1.50.

Verlag von **Wilhelm Engelmann** in Leipzig

Sammlung von Abhandlungen
zur psychologischen Pädagogik

herausgegeben von

E. Meumann

gr. 8.

I. Band.

1. Heft: **Messmer, Oskar,** Zur Psychologie des Lesens bei Kindern und Erwachsenen. Mit 5 Figuren im Text. *ℳ* 2.—.

2. Heft: **Ament, Wilhelm,** Fortschritte der Kinderseelenkunde 1895—1903. Vergriffen. Neue Auflage und Nachträge in Vorbereitung.

3. Heft: **Schmidt, Friedrich,** Experimentelle Untersuchungen über die Hausaufgaben des Schulkindes. Ein Beitrag zur experimentellen Pädagogik. Mit 2 Figuren im Text. *ℳ* 2.—.

4. Heft: **Mayer, August,** Über Einzel- und Gesamtleistung des Schulkindes. Ein Beitrag zur experimentellen Pädagogik. *ℳ* 2.40.

5. Heft: **Ebert, E.,** und **E. Meumann,** Über einige Grundfragen der Psychologie der Übungsphänomene im Bereiche des Gedächtnisses. Mit einer Figur im Text. *ℳ* 4.50.

II. Band.

1. Heft: **Pedersen, R. H.,** Experimentelle Untersuchungen der visuellen und akustischen Erinnerungsbilder, angestellt an Schulkindern. — **J. A. Gheorgov,** Die ersten Anfänge des sprachlichen Ausdrucks für das Selbstbewußtsein bei Kindern. *ℳ* 1.80.